Jörg Berger
WENN ES STACHLIG WIRD

Jörg Berger

Wenn es stachlig wird

DAS ARBEITSBUCH

Über den Autor:
Jörg Berger arbeitet als Psychotherapeut in eigener Praxis in Heidelberg. Als Autor spricht er auf zahlreichen Konferenzen und hält Vortragsabende. Dabei schult er sein Publikum im Umgang mit schwierigen Persönlichkeiten und sensibilisiert für die eigenen Schwächen.

Bibliografische Information Der Deutschen Bibliothek
Die Deutsche Bibliothek verzeichnet diese Publikation
in der Deutschen Nationalbibliografie;
detaillierte bibliografische Daten sind im Internet
über http://dnb.ddb.de abrufbar.

ISBN 978-3-86827-577-3
Alle Rechte vorbehalten
© 2016 by Verlag der Francke-Buchhandlung GmbH
35037 Marburg an der Lahn
Illustrationen im Innenteil: Thees Carstens
Umschlagbilder: © iStockphoto.com / KarpovAG
sanddebeautheil
Umschlaggestaltung: Verlag der Francke-Buchhandlung GmbH /
Sven Gerhardt
Satz: Verlag der Francke-Buchhandlung GmbH
Printed in Czech Republic

www.francke-buch.de

Inhalt

Einleitung 7

Stachlige Persönlichkeiten (Steckbriefe, Arbeitsblätter) 11
Grenzüberschreiter 15
Blender 21
Energieräuber 27
Einschüchterer 33
Abwerter 39
Vermeider 45
Rächer 51

Meine Stacheln (Steckbriefe, Arbeitsblätter) 57
Grenzen überschreiten 61
Blenden/Selbstdarstellung 67
Energie rauben/Selbstüberforderung 73
Einschüchtern 79
Abwerten 85
Vermeiden 91
Rächen/Bestrafen 97
Menschen ohne Stacheln 103

Stachlige Persönlichkeiten (Themenabende) 109
Umgang mit Grenzüberschreitern 111
Umgang mit Blendern 113
Umgang mit Energieräubern 115
Umgang mit Einschüchterern 117
Umgang mit Abwertern 119
Umgang mit Vermeidern 121
Umgang mit Rächern 123

Meine Stacheln (Themenabende) 125
Freiheit gewinnen (Stachel „Grenzen überschreiten") 127
Authentisch sein (Stachel „Blenden") 128
Das Leben vereinfachen (Stachel „Energie rauben") 129
Sich selbst entwaffnen (Stachel „Einschüchtern") 130
Unvollkommenheit akzeptieren (Stachel „Abwerten") 131
Angst überwinden (Stachel „Vermeiden") 132
Ohnmacht überwinden (Stachel „Rächen") 133
Werden Sie wehrhaft! (Menschen ohne Stacheln) 134

Mit schwierigen Menschen umgehen (Bibelgespräche) 135
Jesus begrenzt einen Grenzüberschreiter 137
Jesus fordert einen Blender heraus 139
Jesus antwortet auf kindliche Bedürfnisse (Energieräuber) 141
Jesus bietet einer Einschüchterung die Stirn 143
Jesus korrigiert einen Abwerter 145
Jesu Botschaft an die Vermeider 147
Jesus korrigiert einen Rächer 149

Studium zu zweit 151

Vorträge und Seminare 153

Einleitung

Wenn es stachlig wird in unseren Beziehungen, dann sind wunde Punkte berührt. Manche Menschen sind derart verwundbar, dass wir sie nur selten ohne Stacheln antreffen. Selbst wenn wir unsere guten Absichten offenbaren und sie zu einem fairen Miteinander einladen, halten sie auch dann noch an ihren Stacheln fest. Solche Zeitgenossen bezeichnen wir mit Recht als schwierig. Bei schwierigen Menschen versagen die normalen Mittel der Kommunikation. Wir benötigen spezielle Strategien, welche die jeweiligen wunden Punkte schwieriger Persönlichkeiten schonen und dadurch entwaffnend wirken. Wer auch mit schwierigen Menschen zurechtkommt, spart viel Kraft und Nerven. Sozial eingestellte Menschen, die Nächstenliebe verwirklichen wollen, geraten in eine Bewährungsprobe. Wer Liebe mit Liebsein verwechselt, wird schnell zum Opfer schwieriger Menschen. Der Umgang mit ihnen erfordert eine starke, konfliktbereite Liebe, die auch Grenzen setzen und den anderen vor die Wahl stellen kann.

Wenn ich mit Menschen ins Gespräch komme, begegnet mir oft ein Unbehagen, das viele empfinden, wenn sie andere als schwierig bezeichnen: „Ich habe doch auch meine Schwächen." Den anderen durchschauen und sich selbst erkennen gehört daher zusammen. Wenn der Stress nur groß genug ist, dann fährt auch die reifste Person ihre Stacheln aus. Dann verletzen oder enttäuschen wir selbst die Menschen, die wir lieben und mit denen wir gerne zusammenarbeiten. Wer um die eigenen Stacheln weiß und sie zu entschärfen lernt, verbessert seine Beziehungen. Diese werden entspannter, tiefer, kooperativer und vertrauensvoller.

Dieses Buch knüpft an zwei Vorgänger aus der Stachelreihe an: „Stachlige Persönlichkeiten. Wie Sie schwierige Menschen entwaffnen" und „Meine Stacheln. Wie Sie Ihre Schwächen entschärfen". Dieses Arbeitsbuch eignet sich als praxisbezogener Einstieg ins Thema. In kurzer, übersichtlicher Form vermittelt es Ihnen ein Verständnis schwieriger Persönlichkeiten und der eigenen Schwächen. Fragen und kleine Arbeitsaufträge leiten Sie an, das psychologische Hintergrundwissen mit Ihrer eigenen Erfahrung zu verbinden. Schritt für Schritt entwickeln Sie Ideen, wie Sie die Herausforderungen noch besser bewältigen, die Ihnen Ihre Beziehungen und Ihre eigene Persönlichkeit stellen. Wenn Sie bereits eines der beiden Bücher aus der Stachelreihe gelesen haben, dann ermöglicht Ihnen das Arbeitsbuch eine persönliche Vertiefung.

Wenn es stachlig wird, dann geht es oft um ganz praktische Fragen: Wie rette ich hier meine Haut? Wie kann ich verhindern, dass ein unreifer Mensch zu viel Macht ausübt? Wie kann ich Beziehungen entspannen, in denen Probleme aufgetreten sind? Es geht also zunächst um die Beseitigung von Schwierigkeiten. Aber bei näherer Betrachtung geht es auch um grundlegende Lebensthemen: Wo endet die Toleranz? Wie gehen wir mit Ungerechtigkeit um? Wie bewältigen wir Ohnmacht und wie viel Macht will ich selbst ausüben? Das Austragen von Konflikten und die Selbsterkenntnis, zu der wir dabei finden, führen uns bei diesen existenziellen Fragen weiter. Wir reifen und gewinnen eine Weltanschauung, die die dunklen Seiten anderer Menschen und unserer selbst nicht beschönigen muss. Das macht Freude, finde ich.

Ich hoffe, ich kann Sie in diesem Arbeitsbuch mit einer Faszination für die menschlichen Existenzfragen anstecken. Die Psychologie kann hier hilfreiche Antworten geben. Zugleich sind ihre Antworten aber auch begrenzt. Psychologie ist keine Weltanschauung und hält sich da zurück, wo es um die grundlegenden Fragen des Menschseins geht. Hier knüpfe ich an die christliche Tradition an, in der ich selbst verwurzelt bin. Sie zeigt zu den verschiedenen Themen spirituelle Wege auf, die Sie vielleicht überraschen werden.

Dieses Arbeitsbuch lädt Sie einerseits zum Selbststudium ein, andererseits zu einem Austausch mit anderen. In beidem liegt eine besondere Chance. Beziehungen haben eine Tiefendimension, die sich im Alltag nicht immer erschließt. Andere Menschen und auch wir selbst verhalten uns nicht immer vernünftig. Genauer müsste man sagen: Menschen verhalten sich in einer Weise, die auch von unbewussten Motiven und Reaktionsmustern bestimmt ist. Wenn Sie sich an einen ruhigen Ort zurückziehen und den Dingen auf den Grund gehen, dann offenbaren sich Ihnen auch die Vorgänge, die unter der Oberfläche verborgen liegen.

Aber auch der Austausch mit anderen ermöglicht es uns, den Dingen auf den Grund zu gehen. Denn wir alle tragen eine lebensgeschichtlich geprägte Brille, die uns nur einen Teil der Wirklichkeit erkennen lässt. Andere ergänzen unsere Sicht der Dinge, besonders natürlich dort, wo es um unsere eigenen Schwächen geht. Im gemeinsamen Nachdenken ordnen sich manche Gedanken und Gefühle neu. Wir gelangen zu Erkenntnissen, zu denen wir allein nicht gekommen wären. So ergänzen sich das Selbststudium und der Austausch mit anderen. Zum Selbststudium gehen Sie einfach die Steckbriefe und Arbeitsblätter durch. Für den Austausch mit anderen bietet das Arbeitsbuch verschiedene Konzepte, vom Austausch zu zweit über thematische Gesprächskreise bis hin zu einem Seminarformat. In den jeweiligen Kapiteln sind diese Möglichkeiten genauer beschrieben und ausgearbeitet.

In diesem Arbeitsbuch habe ich meist auf die doppelten Bezeichnungen verzichtet, die eine geschlechtergerechte Sprache fordert. Das macht den Text verständlicher und leichter lesbar. An manchen Stellen habe ich dennoch beide Geschlechter genannt, an allen anderen sind Frauen und Männer gleichermaßen gemeint.

Aber jetzt geht es los. Holen Sie sich Ihr Lieblingsschreibzeug. Gönnen Sie sich Ihr Lieblingsgetränk. Machen Sie es sich an Ihrem Lieblingsort gemütlich. Schon in einigen Stunden werden Sie die Welt und sich selbst mit anderen Augen sehen.

Gemeinsam mit Ihnen auf dem Weg
Ihr
Jörg Berger

Stachlige Persönlichkeiten

Den stachligen Persönlichkeiten begegnen Sie in vier Schritten. Zuerst lesen Sie in einem Steckbrief, was für die jeweilige Persönlichkeit typisch ist, welche Probleme sie verursacht und was hinter ihrem Verhalten steckt. Wenn Sie bereits eine Begegnung mit diesem Typen hatten, können Sie Ihre Erfahrung mithilfe eines Arbeitsblattes auswerten. Strategien für den Umgang mit der schwierigen Persönlichkeit finden Sie in einem zweiten Steckbrief. Ein weiteres Arbeitsblatt hilft Ihnen, diese Strategien anzuwenden.

Vermutlich sind Sie allen sieben Typen schon einmal begegnet, die im Folgenden beschrieben sind. Dieses Arbeitsbuch wird Ihre Wahrnehmung schulen, sodass Sie schwierige Persönlichkeiten immer schneller erkennen und deren Verhalten immer besser entlarven können. Ein wenig Geduld dürfen Sie mit sich haben. Immer, wenn wir etwas Neues lernen, erkennen wir die Dinge zunächst etwas verschwommen, bis unsere Wahrnehmung immer schärfer wird. Beginnen Sie ruhig mit Typen, bei denen Ihnen sofort eigene Erfahrungen in den Sinn kommen.

Extrem schwierige Menschen kombinieren zwei oder sogar mehrere der beschriebenen Verhaltensmuster. Dann können Sie Ihre Erfahrungen mit der gleichen Person an verschiedenen Stellen auswerten und die empfohlenen Strategien nebeneinander einsetzen. Über die sieben grundlegenden Verhaltensweisen schwieriger Menschen gebe ich Ihnen hier einen Überblick.

Grenzüberschreiter meinen es eigentlich gut. Sie bemerken aber nicht, wenn ihre Bedürfnisse nicht im Einklang mit den Bedürfnissen ihrer Mitmenschen sind. Daher gehen sie oft zu weit. Sie überschreiten die Grenzen anderer. Manchmal dringen sie in die Privatsphäre ein. Sie erheben Anspruch auf das Eigentum, das Wissen und die Hilfe anderer. Gegenüber Zurückweisung sind sie sehr empfindsam. Dann kann aus der vereinnahmenden Umarmung ein Schwitzkasten werden, aus dem Betroffene erst entlassen werden, wenn sie den Wünschen von Grenzverletzern nachgeben.

Blender sind Meister der Selbstdarstellung. Sie vermitteln ein Bild von sich, das andere anzieht und Hoffnungen weckt. So gewinnen sie die Aufmerksamkeit anderer Menschen. Ihre Projekte finden Unterstützung. Sie ergattern gute Jobs und angesehene Ehrenämter. Doch wer hinter die Kulisse blickt, entdeckt eine enttäuschende Kehrseite. Was Blender als herausragend verkauft haben, ist in Wahrheit mittelmäßig. Ihre persönlichen oder fachlichen Mängel sind so groß, dass man es nicht glauben will. Am liebsten würde man an der schönen Fassade rütteln und sie zum Einstürzen bringen. Solche Versuche beschwören aber einen gewieften Illusionisten herauf, der andere Dinge sehen lässt, die es nicht gibt, und zum Verschwinden bringt, was andere nicht sehen sollen.

Einschüchterer mögen nicht, wenn sich ihnen jemand in den Weg stellt. Ihre Furcht einflößende Körpersprache, ihre Lautstärke, ihre groben Worte, ihre Drohungen und Machtdemonstrationen lösen bei anderen Angst aus. Die meisten Menschen scheuen den Konflikt und machen den Weg frei. Aber dankbar macht Einschüchterer das Nachgeben nicht. Im Gegenteil, wen sie als schwach wahrnehmen, dessen Rechte übergehen sie immer selbstverständlicher.

Abwerter machen sich selbst zum Maß der Dinge. Ihr Geschmack, ihre Vorlieben, ihre Kenntnisse und Fähigkeiten sind die Messlatte, die sie an andere Menschen anlegen. Sie fällen negative Urteile über andere und sprechen sie in einer Weise aus, die jedes Taktgefühl vermissen lässt. Dadurch greifen sie das Selbstwertgefühl anderer an. Betroffene brauchen manchmal Tage, um sich von abwertenden und kränkenden Worten zu erholen. Wenn Abwerter ihr negatives Urteil öffentlich aussprechen, stehen Betroffene vor einer schwierigen Frage. Sollen sie um ihr Ansehen kämpfen, auf die Gefahr hin, von anderen als empfindlich, eitel oder kritikunfähig gesehen zu werden?

Rächer begleichen offene Rechnungen. Sie tragen es nach, wenn sich jemand auf ihre Kosten durchsetzt. Sie sammeln Groll an, wenn sie sich in ihren Rechten übergangen fühlen. Dann warten sie auf den richtigen Moment. Sie verletzen durch Worte, die wunde Punkte treffen. Durch Tratsch schaden sie dem Ruf anderer. Sie verursachen Pannen, verbummeln wichtige Anliegen und verhindern so, dass ein anderer seine Ziele erreicht. Dabei tarnen sie die Vergeltung als Versehen oder Zufall. Ihre Motive verbergen sie hinter fadenscheinigen Begründungen. Dennoch erfassen Betroffene intuitiv die Botschaft: „Leg dich besser nicht mehr mit mir an!"

Vermeider ziehen sich zurück, wenn sie sich unsicher fühlen. Ihnen erscheint das Leben als gefährlich. Sie verweigern sich Aufgaben, die ihnen Angst machen. Aus diesem Grund entziehen sie sich auch manchen Verpflichtungen und enthalten anderen vor, was in Beziehungen selbstverständlich ist, zum Beispiel das offene Gespräch auch über schwierige Themen oder Hilfe auch bei unangenehmen Dingen. Betroffene fühlen sich von Vermeidern oft im Stich gelassen. Wer Vermeidern nahe sein will, muss sich in deren Schneckenhaus zwängen. Dort kann man sich geborgen, aber auch sehr eingeengt fühlen.

 **Energieräuber** suchen Elternfiguren. Die Kompliziertheit der Welt überfordert sie, die Härte des Lebens setzt ihnen zu, Entscheidungen machen ihnen Angst. Eigentlich bräuchten sie noch eine Mama oder einen Papa, die sie durchs Leben geleiten und ihnen beibringen, wie man Herausforderungen bewältigt. Wer Energieräubern beisteht, merkt bald: Die Hilfe reicht nicht aus. So pendeln Helfer zwischen Selbstüberforderung, wenn sie zu viel geben, und einem schlechten Gewissen, wenn sie weniger geben. Manche macht die große Bedürftigkeit von Energieräubern auch ärgerlich.

Grenz- überschreiter

Kennzeichen
Grenzüberschreiter kommen Ihnen zu schnell zu nahe. Sie beanspruchen Ihre Zeit, Ihr Wissen oder sogar Ihr Eigentum. Sie versuchen, Ihre Entscheidungen zu beeinflussen, oder entscheiden sogar für Sie. Sie beanspruchen zu viel Redezeit, Aufmerksamkeit, Einfluss und Unterstützung.

Probleme
Andere fühlen sich durch Grenzüberschreitungen vereinnahmt, eingeengt, dominiert oder in ihren Rechten beschnitten. Wenn Sie versuchen, eine Grenze zu setzen, reagieren Grenzüberschreiter beleidigt. Sie beginnen zähe Diskussionen oder sogar Machtkämpfe.

Hintergrund
Grenzüberschreiter haben als Kinder erlebt, dass ihre Rechte und Interessen missachtet werden. Sie sehnen sich nach einer Welt, in der es grenzenlose Nähe, grenzenloses Teilen und ein grenzenloses Miteinander gibt. Wo diese Sehnsucht enttäuscht wird, kämpfen Grenzüberschreiter so vehement für ihre Rechte, dass sie die Rechte anderer übergehen.

Mein Grenzüberschreiter

Leiden Sie gerade unter einem Grenzüberschreiter? Oder waren Sie in der Vergangenheit mit einem konfrontiert und wollen nun aus Ihren Erfahrungen lernen? Oder leidet eine Person, die Ihnen nahesteht, unter einem Grenzüberschreiter?

1. Auf welche Weise verletzt Ihr Grenzüberschreiter Ihre Interessen? Halten Sie zwei oder drei charakteristische Beispiele fest.

....

....

....

....

....

2. Welche Folgen haben die Grenzüberschreitungen für Sie? Welche Gefühle lösen diese bei Ihnen aus? (Typisch sind Bedrohung, Angst, Unsicherheit, Wut, Ärger, Hilflosigkeit und Ohnmacht.)

....

....

....

....

....

3. Wie haben Sie bisher auf die Grenzüberschreitungen reagiert? Orientieren Sie sich dabei an den grundlegenden Stressreaktionen:
- Unterwerfung: „Ich ertrage es einfach und lasse den anderen machen."
- Flucht: „Ich regele die Dinge hinter dem Rücken meines Grenzüberschreiters."
- Kampf: „Ich stürze mich in Diskussionen und Machtkämpfe."

....

....

....

....

....

4. Was wünschen Sie sich von Ihrem Grenzüberschreiter? Wie müsste sich die Situation verändern, damit Sie sich wieder wohlfühlen?

....

....

....

....

....

Hier haben Sie bereits Ziele formuliert. Unterstreichen Sie die Ziele, deren Erreichen in Ihrem Einflussbereich liegt (zum Beispiel zu etwas Nein zu sagen), mit einer Linie. Markieren Sie Ziele, deren Verwirklichung nicht in Ihrer Macht liegt, mit einer unterbrochenen Linie. Diese Ziele müssen Sie vielleicht aufgeben. Ein gewisses Maß an Grenzüberschreitungen kann man oft nicht verhindern.

Wie Sie Grenzüberschreiter befrieden

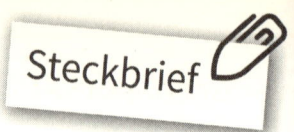

- Lassen Sie sich nicht zu schneller Vertraulichkeit und Offenheit verführen.

- Auch wenn Sie verärgert sind oder sich bedroht fühlen: Wahren Sie die Form!

- Sagen Sie taktvoll, aber ausdauernd Nein, um Ihre Privatsphäre und Selbstbestimmung zu schützen.

- Setzen Sie sich ausdauernd für ein faires Maß an Redezeit, Ressourcen und Einfluss ein.

- Berufen Sie sich auf Gesetze, Bestimmungen oder Ihre Prinzipien. Wo möglich, schalten Sie gelegentlich eine höhere Stelle ein, die für einen fairen Interessensausgleich sorgt.

- Wo es zu Machtkämpfen kommt, prüfen Sie Bündnisse mit vertrauenswürdigen Personen.

- Konfrontieren Sie Grenzüberschreiter einfühlsam mit den Folgen, die ihr Verhalten auf Ihre Gefühle und Ihr Verhalten hat.

- Seien Sie Grenzüberschreitern gegenüber korrekt, was deren Mitbestimmung, Information und Einbeziehung angeht.

Grenzüberschreiter befrieden 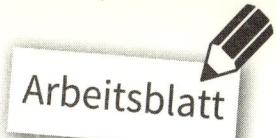 Arbeitsblatt

1. Haben Sie zu Ihrem Grenzüberschreiter schon eine zu große Nähe, Offenheit oder Vertraulichkeit entstehen lassen? Ist die Zusammenarbeit bereits enger, als es das Maß an Vertrauen zwischen Ihnen eigentlich erlaubt? Dann überlegen Sie hier, auf welche Weise Sie wieder einen angemessenen Abstand herstellen können, am besten unauffällig und taktvoll!

....

....

....

2. Haben Sie bereits genervt, unhöflich oder sogar ausgrenzend reagiert? Haben Sie in einer Gegenreaktion aufgehört, Ihren Grenzüberschreiter zu informieren, zu beteiligen oder einzubeziehen? Wenn ja, auf welche Weise könnten Sie das korrigieren?

....

....

....

3. Wo wollen Sie in Zukunft Nein sagen und auch bei einem Nein bleiben, wenn Ihr Grenzüberschreiter zu verhandeln beginnt?

....

....

....

4. Wo wollen Sie selbstbewusst und ausdauernd für Ihre Rechte eintreten, bis Ihr Grenzüberschreiter nachgibt? Auf welche Rechte, Regeln oder Autoritäten könnten Sie sich dabei berufen? Gibt es Konsequenzen, die Sie zur Not ankündigen und folgen lassen könnten, wenn sich Ihr Grenzüberschreiter nicht auf faire Regelungen einlässt?

....

....

....

....

....

....

5. Sie kennen den wunden Punkt Ihres Grenzüberschreiters: ausgegrenzt und um seine Rechte betrogen sein. Was könnten Sie tun, um Höflichkeit, Respekt, Zugehörigkeit, Großzügigkeit und Unterstützung auszudrücken? (Natürlich ohne dabei Ihre Grenzen aufzugeben.)

....

....

....

....

....

....

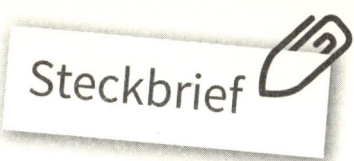

Blender

Kennzeichen
Blender sind Meister der Selbstdarstellung. Sie wecken hohe Erwartungen an ihr Können, ihr Wissen, ihre Verbindungen oder Erfolge. Manchmal wecken sie auch die Erwartung, dass man an ihrer Seite eine besonders tolle Freundschaft oder eine besonders prickelnde Liebe findet. Ihre Schwächen und Fehler überspielen Blender geschickt.

Probleme
Andere erleiden Wechselbäder von Hoffnung und Enttäuschung, besonders wenn sie Aufmerksamkeit, Zeit, Mühe oder Geld in den Blender investiert haben. Außerdem ergattern Blender oft Positionen, für die ihre Fähigkeiten nicht ausreichen. Darunter leiden andere.

Hintergrund
Blender haben als Kinder Aufmerksamkeit und Liebe besonders dann erfahren, wenn sie besonders schlau, erfolgreich, charmant oder Ähnliches waren. So haben sie gelernt, anderen etwas vorzumachen (und auch sich selbst).

Mein Blender

Arbeitsblatt

Leiden Sie gerade unter einem Blender? Oder waren Sie in der Vergangenheit mit einem konfrontiert und wollen nun aus Ihren Erfahrungen lernen? Oder leidet eine Person, die Ihnen nahesteht, unter einem Blender?

1. Auf welche Weise hat Ihr Blender Erwartungen geweckt, die Sie später enttäuscht haben? Halten Sie zwei oder drei charakteristische Beispiele fest.

....

....

....

....

....

2. Blender ködern uns, indem sie unsere tiefsten Sehnsüchte ansprechen, zum Beispiel unsere Sehnsucht nach Erfolg, Ansehen, Spaß, Anerkennung, Freundschaft, Liebe, Geld oder Hilfe in der Not. Welche Sehnsucht hat Ihr Blender bei Ihnen angesprochen?

....

....

....

....

....

3. Wie haben Sie bisher auf Ihren Blender reagiert?
Orientieren Sie sich dabei an den grundlegenden Stressreaktionen:
- Unterwerfung: „Ich lasse mich immer wieder täuschen."
- Flucht: „Ich versuche, meinem Blender nicht die Show zu stehlen."
- Kampf: „Ich versuche, den Blender zu entlarven. Ich setze meinen Blender unter Druck."

....

....

....

....

....

4. Was werden Sie niemals von Ihrem Blender bekommen, auch wenn er immer wieder eine Hoffnung darauf weckt und auch wenn Sie es noch so vehement einfordern würden?

....

....

....

....

....

....

Wie Sie Blender entzaubern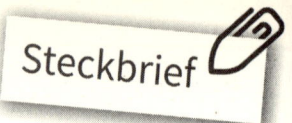

- Misstrauen Sie Eigenschaften oder Versprechen, die zu schön sind, um wahr zu sein.

- Akzeptieren Sie die Defizite von Blendern. Suchen Sie woanders, was Blender nicht geben können.

- Versuchen Sie nicht, Blender zu entlarven. Erzeugen Sie durch Lob für positives Verhalten eine gute Chemie.

- Investieren Sie nicht in unrealistische Projekte oder Versprechungen.

- Teilen Sie Verantwortungsbereiche klar auf, damit Ihnen das Unvermögen von Blendern nicht angelastet wird. Machen Sie Ergebnisse, wo möglich, messbar.

- Wenn Sie nicht in Konkurrenz zu einem Blender stehen: Lassen Sie sich in die Karten schauen und einen Blender so unauffällig lernen.

Blender entzaubern

1. Durchschauen Sie Ihren Blender: Welche falschen Versprechungen machen sein Auftreten und seine Worte? Welche Schwächen und Defizite hat Ihr Blender, auch wenn er sie immer wieder zu überspielen versteht?

....

....

....

....

....

2. Korrigieren Sie Ihr Verhalten. Was können Sie tun, wenn Sie sich immer wieder verführen ließen? Wenn Sie Ihren Blender bisher entlarvt haben oder gefordert haben, dass er seine Versprechen einlöst: Wie könnten Sie damit aufhören? Wie können Sie in einen normalen Umgang mit Ihrem Blender finden, ohne ihm zu viel Aufmerksamkeit, Zeit, Geld oder anderes zu schenken?

....

....

....

....

....

3. Wo können Sie bei anderen finden, was Ihnen Ihr Blender schuldig bleibt? Wie können Sie sich unabhängiger machen?

4. Sie kennen den wunden Punkt Ihres Blenders: an Bedingungen geknüpfte Liebe. Wie könnten Sie ihm bedingungslose Liebe zeigen (Interesse, Aufmerksamkeit, Wertschätzung oder Unterstützung), wenn sich Ihr Blender gerade einmal nicht selbst darstellt?

5. Wenn Sie mit Ihrem Blender zusammenarbeiten: Wie können Sie die Verantwortung so aufteilen, dass Ihnen das Unvermögen Ihres Blenders nicht angelastet wird?

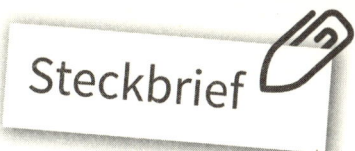

Energieräuber

Kennzeichen
Energieräuber fordern mehr von sich, als sie leisten können, oder sie halten an unerfüllbaren Wünschen fest. Manchmal schleppen sie auch ungelöste Probleme mit sich herum. Auf diese Weise führen sie ein Leben dauerhafter Selbstüberforderung. Sie senden Hilfe suchende Signale aus.

Probleme
Andere geraten schnell in eine Helferrolle und investieren mehr Zeit und Energie, als sie zur Verfügung haben. Helfer sind frustriert, weil ihr Einsatz für das Leben von Energieräubern nur eine kurzfristige Entlastung, aber keine Besserung bringt.

Hintergrund
Energieräuber sind mit einem Nachteil ins Leben gestartet wie z. B. einer Hochsensibilität oder einem schwierigen Familienhintergrund. Trotzdem zwingen sie sich dazu, ein „normales" Leben zu führen, wie es alle anderen (scheinbar) auch tun. Damit überfordern sie sich und machen sich von der Unterstützung durch andere Menschen abhängig.

Mein Energieräuber

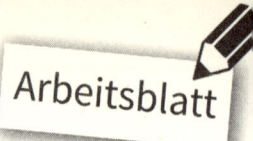

1. Leiden Sie gerade unter einem Energieräuber? Oder waren Sie in der Vergangenheit mit einem konfrontiert und wollen nun aus Ihren Erfahrungen lernen? Oder leidet eine Person, die Ihnen nahesteht, unter einem Energieräuber?

Durch welche Signale hat Ihr Energieräuber Ihre Hilfsbereitschaft und Ihr Verantwortungsgefühl geweckt? Halten Sie zwei oder drei charakteristische Beispiele fest.

....

....

....

....

....

2. Wo haben Sie sich beim Versuch zu helfen selbst überfordert? Welche negativen Folgen hat oder hatte die Beziehung zu Ihrem Energieräuber genau?

....

....

....

....

....

3. Wie haben Sie bisher auf die Hilfe suchenden Signale reagiert? Orientieren Sie sich dabei an den grundlegenden Stressreaktionen:
- Unterwerfung: „Ich stelle meine eigenen Bedürfnisse und Aufgaben zurück und opfere mich auf."
- Flucht: „Ich gehe meinem Energieräuber aus dem Weg, selbst wenn ich mich dadurch einschränke."
- Kampf: „Ich grenze mich schroff ab oder dränge den Energieräuber, seine Probleme endlich selbst zu lösen."

....

....

....

....

4. Welches Maß an Unterstützung können und wollen Sie leisten? Was ist Ihnen eigentlich zu viel?

....

....

....

5. Haben Sie schon Schuldgefühle, weil Sie sich nicht mehr einsetzen oder eingesetzt haben? Wie lauten Ihre Schuldgefühle genau?

....

....

....

Wie Sie Energieräuber maßvoll unterstützen

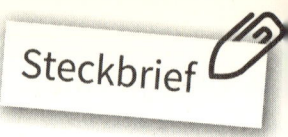

- Übernehmen Sie sich nicht, indem Sie eine Helfer- oder gar Retterrolle einnehmen.

- Gehen Sie fürsorglich auf die kindlichen Bedürfnisse nach Kontakt, Rat, Lob und Entlastung ein. Finden Sie dabei aber ein realistisches Maß, das der Beziehung und Ihren Kräften angemessen ist.

- Benennen Sie taktvoll die Grenzen Ihrer Zeit und Einsatzmöglichkeiten.

- Binden Sie Ihre Unterstützung an die Bereitschaft von Energieräubern, die Grenzen der Zuwendung zu akzeptieren.

- Sprechen Sie die erwachsene Seite von Energieräubern an und erwarten Sie ein Mindestmaß an Verantwortungsübernahme.

Energieräuber maßvoll unterstützen

1. Wie könnte ein angemessenes Maß an Zuwendung und Unterstützung aussehen? Orientieren Sie sich dabei daran, wie Sie sich anderen Menschen üblicherweise zuwenden und wie andere Sie normalerweise unterstützen.

2. Welche Signale sind es genau, die bei Ihnen Hilfsbereitschaft und Verantwortungsbereitschaft wecken? Mit welcher Haltung könnten Sie sich gegen diese Signale immun machen? (Beispiel: Hilfe suchende Blicke und ein verzweifelter Gesichtsausdruck. – Ich sage zu mir: „Ich habe Mitgefühl, aber das heißt nicht, dass ich mich verantwortlich fühlen muss. Selbst wenn ich mich völlig aufgeben würde, könnte ich seine/ihre Probleme nicht lösen.")

3. Sie können die Beziehung entspannen, indem Sie sich den kindlichen Bedürfnissen Ihres Energieräubers ein wenig zuwenden, zum Beispiel einem übertriebenen Bedürfnis nach Lob, Bestätigung oder Rat. Aber legen Sie zugleich eine Grenze Ihrer Unterstützung fest, führen Sie zum Beispiel auf keinen Fall ein Telefonat, das länger als 20 Minuten dauert.

....

....

....

4. Legen Sie sich hier Sätze zurecht, mit denen Sie die Grenze Ihres Einsatzes markieren. (Beispiel: „Es tut mir leid. Ich muss jetzt Schluss machen, sonst bleiben Dinge liegen, die mir wichtig sind.")

....

....

....

5. Für Extremfälle: Notieren Sie sich hier einen Satz, mit dem Sie Ihren Einsatz an die Bereitschaft Ihres Energieräubers binden, die Grenzen Ihrer Möglichkeiten zu akzeptieren. (Beispiel: „Ich kann mit dir nicht öfter als einmal die Woche telefonieren. Wenn du aber mehrmals in der Woche anrufst, dann werde ich einen Monat lang nicht mehr ans Telefon gehen, wenn du anrufst, und dich auch nicht zurückrufen.")

....

....

....

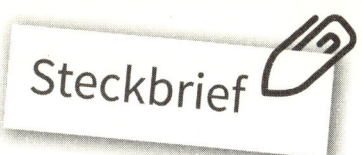

Einschüchterer

Kennzeichen
Einschüchterer treten laut, stark und bedrohlich auf. Sie lassen uns spüren, dass sie unsere Schwächen und wunden Punkte sofort bemerken. Sie schaukeln Konflikte auf, bis sie sich durchgesetzt haben. Wenn Einschüchterer Macht haben, gebrauchen sie schamlos das Recht des Stärkeren.

Probleme
Andere bekommen Angst und geben nach oder sie stürzen sich in unüberlegte Kämpfe, die ein Einschüchterer dann leicht für sich entscheidet. Viele vermeiden irgendwann die offene Auseinandersetzung, dann kommt es zu Heimlichkeiten, Illoyalität und Intrigen, die das Klima in Beziehungen und auf der Arbeit vergiften können.

Hintergrund
Einschüchterer haben in ihrer Kindheit gelernt: Nur der Stärkere überlebt, Schwäche wird von anderen ausgenutzt. Manchmal hat ein solches Klima in der Herkunftsfamilie geherrscht, manchmal aber auch im sozialen Umfeld der Betroffenen.

Mein Einschüchterer

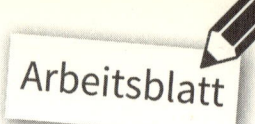

Leiden Sie gerade unter einem Einschüchterer? Oder waren Sie in der Vergangenheit mit einem konfrontiert und wollen nun aus Ihren Erfahrungen lernen? Oder leidet eine Person, die Ihnen nahesteht, unter einem Einschüchterer?

1. Wie erzielt Ihr Einschüchterer seine Respekt einflößende Wirkung? Was tut er genau? Wie tritt er auf? Was genau macht Sie unsicher oder weckt bei Ihnen Angst?

....

....

....

....

....

2. Beschreiben Sie hier genau Ihre Angstreaktion (Gedanken, Katastrophenerwartungen, Körpersymptome).

....

....

....

....

....

3. Wie haben Sie bisher auf die Einschüchterungen reagiert? Orientieren Sie sich dabei an den grundlegenden Stressreaktionen:
- Unterwerfung: „Ich habe zu sehr nachgegeben."
- Flucht: „Ich bin in die Heimlichkeit ausgewichen oder habe meine Interessen verschleiert, um es nicht zu einer Konfrontation kommen zu lassen."
- Kampf: „Ich habe mich in Konfrontationen oder Machtkämpfe verwickeln lassen."

....

....

....

....

....

4. Stellen Sie gegenüber: So würde ich mich normalerweise in einem Konflikt verhalten. So verhalte ich mich gegenüber meinem Einschüchterer.

....

....

....

....

....

Wie Sie Einschüchterern standhalten

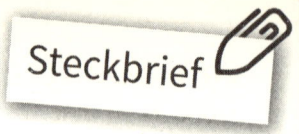

- Lassen Sie sich von Ihrer körperlichen Angstreaktion nicht erschrecken. Halten Sie dem Angriff trotzdem ruhig und aufrecht stand. Zur Not nehmen Sie sich eine Auszeit, um sich zu beruhigen.

- Unterbrechen Sie Attacken nach einer Weile. Nennen Sie den Einschüchterer beim Namen, gewinnen Sie seine Aufmerksamkeit durch Ablenkungen und führen Sie das Gespräch durch Fragen.

- Nehmen Sie Niederlagen sportlich und akzeptieren Sie die Alphaposition des Einschüchterers. Wenn nichts mehr durchsetzbar ist, begnügen Sie sich mit kleineren Stücken des zu verteilenden Kuchens.

- Suchen Sie gemeinsame Ziele, bei denen Sie von der Stärke eines Einschüchterers profitieren können.

- Machen Sie sich durch Fachkompetenz, Leistungsfähigkeit und Beziehungen zu einem unentbehrlichen Partner.

- Äußern Sie Ihren Standpunkt als persönliche Meinung, vertreten Sie Ihre Interessen beharrlich. Wenn Sie Nein sagen, berufen Sie sich auf eine höhere Gewalt (Gesetze, Vorgesetzte, Prinzipien).

- Kritisieren Sie das ungehobelte Verhalten von Einschüchterern nicht. Wenn Sie ihr Vertrauen besitzen, weisen Sie auf die Folgen hin, die ihr Verhalten auf andere und auf sie selbst hat.

Einschüchterern standhalten

1. Wie können Sie sich beruhigen, wenn Ihre Angstreaktion zu stark ist? (Beispiele: eine kurze Pause einlegen, durchatmen, positive Gedanken suchen, sich an eigene Erfahrungen von Stärke erinnern.)

....

....

....

....

....

2. Wie können Sie Ihren Einschüchterer unterbrechen, falls er Sie persönlich angreift oder einen Wutanfall hat? (Beispiele: beim Namen nennen, Fragen stellen, eine Ablenkung durchführen, wie z. B. ein Fenster öffnen oder Tee kochen.)

....

....

....

....

....

3. Halten Sie hier in kurzen, klaren Sätzen Ihren Standpunkt fest, den Sie im Konflikt mit dem Einschüchterer haben. Den können Sie ruhig mehrfach – in leichten Variationen – wiederholen.

....

....

....

4. Mit welchen Sätzen können Sie Ihren Standpunkt dennoch aufrechterhalten, wenn Ihr Einschüchterer stur bleibt? (Beispiel: „Damit bin ich nicht einverstanden." – „Da werden wir uns nicht einig." – „Das kann ich nicht mittragen.")

....

....

....

....

5. Wie könnten Sie Ihrem Einschüchterer nach der Auseinandersetzung zeigen, dass Sie den Kampf sportlich und nicht persönlich nehmen?

....

....

....

....

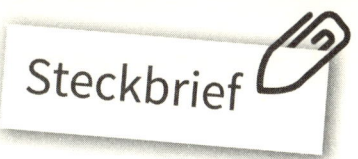

Abwerter

Kennzeichen
Abwerter stellen sich auf einen Sockel und machen sich zum Maß aller Dinge. Sie kritisieren hart und zeigen anderen ihre Fehler und Schwächen unbarmherzig auf. Sie unterstellen anderen auch schlechte Absichten, einen schlechten Charakter oder einen schlechten Geschmack.

Probleme
Die Abwertungen kränken und verunsichern andere. Die negativen Urteile beschäftigen Betroffene manchmal noch tagelang.

Hintergrund
Abwerter haben als Kinder erlebt, dass die Erwachsenen nicht ausreichend auf ihre Grundbedürfnisse eingehen. Sie haben mindestens eine frühe Bezugsperson als unfähig erlebt und begonnen, diese auf Fehler hinzuweisen und zu erziehen. Als Erwachsene haben sie auch immer wieder das Gefühl, „von Idioten umzingelt" zu sein.

Mein Abwerter

Arbeitsblatt

Leiden Sie gerade unter einem Abwerter? Oder waren Sie in der Vergangenheit mit einem konfrontiert und wollen nun aus Ihren Erfahrungen lernen? Oder leidet eine Person, die Ihnen nahesteht, unter einem Abwerter?

1. Welche Abwertungen hat Ihr Abwerter schon ausgesprochen? Halten Sie zwei oder drei charakteristische Beispiele fest.

2. Beschreiben Sie hier genau, welche Gefühle und Gedanken die Abwertung bei Ihnen hervorgerufen hat.

3. Wie haben Sie bisher auf die Abwertungen reagiert?
Orientieren Sie sich dabei an den grundlegenden Stressreaktionen:
- Unterwerfung: „Ich gebe dem Abwerter recht und versuche mich zu bessern."
- Flucht: „Ich gebe mir keine Blöße mehr und vermeide alles, was mich angreifbar macht."
- Kampf: „Ich verteidige mich kämpferisch und zeige auch dem Abwerter seine Fehler und Mängel auf."

....

....

....

....

....

4. Abwertungen tun an den Stellen besonders weh, an denen Sie sich selbstkritisch sehen. Welche Punkte sind das? Was finden Sie an sich selbst nicht gut? Wer hat Ihnen dieses negative Bild über sich selbst vermittelt?

....

....

....

....

....

....

Wie Sie Abwertern den Stachel ziehen

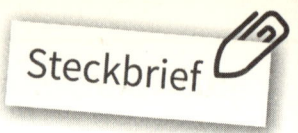

- Nehmen Sie die Abwertung nicht persönlich. Sie ist ein Stressbewältigungmechanismus von Menschen, die sich dem Unvermögen anderer ausgeliefert fühlen.

- Ziehen Sie der Kränkung den Stachel, indem Sie

    – eine körpersprachliche Barriere aufrichten;

    – bezüglich der Abwertung nachhaken;

    – die Fehleinschätzung sachlich richtigstellen;

    – eine Kommunikationsstörung herbeiführen.

- Wenn Sie einen guten Draht zu einem Abwerter haben, konfrontieren Sie ihn behutsam mit den Auswirkungen seines Verhaltens.

- Entschärfen Sie das Gefühl eines Abwerters, von Unfähigen umgeben zu sein, indem Sie warmherzig und aufmerksam auf seine Bedürfnisse eingehen.

Abwertern den Stachel ziehen

Nehmen Sie die Abwertung nicht persönlich. Wenn Sie der Abwertung keinen Glauben schenken, nistet sie sich auch nicht in Ihrem Inneren ein. Setzen Sie hier der Abwertung einen positiven Satz entgegen. (Beispiel Abwertung: „Du bist entscheidungsschwach." Innere Antwort: „Nein, ich lasse mir nur die Zeit, die ein sorgfältiges Abwägen braucht.") **1.**

....

....

....

Richten Sie gegenüber der Abwertung eine Barriere auf. Welche der folgenden Maßnahmen wäre in Ihren Beispielen hilfreich gewesen? **2.**
- Körpersprache: eine abwehrende Geste mit den Händen, ein Kopfschütteln, ein skeptischer Gesichtsausdruck, verschränkte Arme.
- Eine sachliche Richtigstellung: (Beispiel: „Ich bin nicht bequem, sondern effizient.")
- Nachfragen: „Was verstehst du genau unter ‚entscheidungsschwach'?"
- Eine Kommunikationsstörung wie ein 2-Wort-Satz („So. So." – „Ach, ja?") oder ein unpassendes Sprichwort („Der frühe Vogel fängt den Wurm").

....

....

....

....

3. Haben Sie einen guten Draht zu Ihrem Abwerter? Dann könnten Sie ihn auf die Folgen seines Verhaltens hinweisen, zum Beispiel: „Wenn du meine Ideen ‚idiotisch' nennst, dann bin ich zornig auf dich und überlege, wie ich mich rechtfertigen kann. Aber ich möchte lieber den Kopf freihaben, damit wir in unserem Projekt weiterkommen." Halten Sie hier einen für Sie passenden Satz fest.

....

....

....

....

....

....

4. Ihr Abwerter hat das Problem, dass er sich immer wieder unfähigen Menschen ausgeliefert fühlt. Wie können Sie ab und zu Zeichen setzen, dass Sie einfühlsam, verständnisvoll, unterstützend und kompetent auf seine Bedürfnisse eingehen?

....

....

....

....

....

....

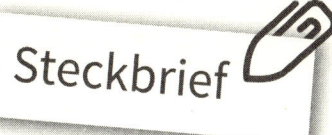

Vermeider

Kennzeichen
Vermeider scheuen vor schwierigen und unangenehmen Situationen zurück. Aus Angst vernachlässigen sie ihre Pflichten und zwischenmenschlichen Verbindlichkeiten. Unangenehme Dinge blenden sie oft aus, bei Spannungen ziehen sie sich zurück.

Probleme
Vermeidungsverhalten enttäuscht nahestehende Menschen. Probleme bleiben ungelöst und können so negative Folgen haben.

Hintergrund
Vermeider haben als Kinder gelernt, die Welt sei gefährlich und sie seien den Herausforderungen des Lebens nicht gewachsen. Entweder war die Welt tatsächlich für sie gefährlich oder ihre Eltern waren ängstlich und haben so ein verzerrtes Bild von der Welt vermittelt.

Mein Vermeider

Arbeitsblatt

Leiden Sie gerade unter einem Vermeider? Oder waren Sie in der Vergangenheit mit einem konfrontiert und wollen nun aus Ihren Erfahrungen lernen? Oder leidet eine Person, die Ihnen nahesteht, unter einem Vermeider?

1. Wo genau bleibt Ihr Vermeider Ihnen etwas schuldig? Halten Sie zwei oder drei charakteristische Beispiele fest.

....

....

....

....

....

2. Welche Gefühle löst das Vermeidungsverhalten bei Ihnen aus? Haben Enttäuschungen Ihre Beziehung zu Ihrem Vermeider verändert?

....

....

....

....

....

3. Wie haben Sie bisher auf das Vermeidungsverhalten reagiert? Orientieren Sie sich dabei an den grundlegenden Stressreaktionen:
- Unterwerfung: „Ich bin enttäuscht, aber ertrage es einfach. Ich finde Entschuldigungen für meinen Vermeider."
- Flucht: „Ich versuche mich von meinem Vermeider unabhängig zu machen, auch wenn das mühsame Manöver erfordert."
- Kampf: „Ich versuche, meinen Vermeider zu überreden, und übe sogar Druck aus."

....

....

....

....

....

4. Haben Sie Ihren Vermeider womöglich in seiner Angst bestärkt, indem Sie überreagiert und sich bedrohlich verhalten haben? Oder haben Sie im Gegenteil Vermeidungsverhalten belohnt, indem Sie Ihrem Vermeider Unangenehmes abgenommen haben? Halten Sie hier Beispiele fest.

....

....

....

....

....

....

Wie Sie Vermeider motivieren

- Sehen Sie die Angst hinter dem Vermeidungsverhalten und erwarten Sie nicht zu viel. Angst ist ein echtes Handikap.

- Helfen Sie bei der Angstbewältigung durch einen Schritt-für-Schritt-Plan, Begleitung und Hilfe, die Sie im Gegenzug zu kleinen Schritten gewähren.

- Wenn Sie durch Vermeidungsverhalten beeinträchtigt werden, machen Sie es unattraktiv. Zeigen Sie Ihre Gefühle, benennen Sie die Folgen, die das Vermeidungsverhalten für Sie hat, kündigen Sie Konsequenzen an, die unangenehmer sind als das, was ein Vermeider umgehen will.

- Binden Sie Ihre Unterstützung an Gegenleistungen, wenn ein Vermeider Ihnen Selbstverständliches vorenthält.

- Fragen Sie auf einfühlsame Weise nach den Ängsten, die hinter dem Vermeidungsverhalten stehen. Stärken Sie das Selbstvertrauen des Vermeiders.

Vermeider motivieren

Arbeitsblatt

1. Angst ist ein Handikap, sie schränkt die Fähigkeiten eines Menschen wirklich ein. Unterscheiden Sie: Was würde Ihr Vermeider auch dann nicht tun, wenn es sehr starke Anreize dafür gäbe? Was wäre möglich, wenn nur die Anreize stimmen?

....

....

....

....

....

....

2. Welche Hilfestellungen könnten Sie geben, um Ihren Vermeider zu dem zu bewegen, wozu er eigentlich verpflichtet ist (informieren, anleiten, mitmachen, einen Teil der Aufgabe für sie/ihn erledigen ...)?

....

....

....

....

....

....

3. Wie können Sie das Vermeidungsverhalten unattraktiv machen? (Beispiele: Ihre Gefühle zeigen, Folgen benennen, Konsequenzen ankündigen ...)

....

....

....

....

....

....

4. Können Sie etwas über die Ängste erfahren, die hinter dem Vermeidungsverhalten stehen? Wie können Sie das Selbstbewusstsein und das Sicherheitsgefühl Ihres Vermeiders stärken?

....

....

....

....

....

....

....

Rächer

Kennzeichen
Rächer vermeiden es, Konflikte offen auszutragen. Sie sind sehr sensibel für Ungerechtigkeiten und Machtausübung. Daher hegen sie einen Groll, wenn sie schlecht behandelt werden. Sie rächen sich durch schlechtes Reden, Blockieren, „Vergessen" von Dingen, die für andere wichtig sind. Mit scheinbar unbeabsichtigten Handlungen treffen sie andere da, wo es wehtut. Manchmal lassen sie sich sogar zu handfesten Racheakten hinreißen.

Probleme
Andere leiden unter den Racheakten. Sie lassen sich durch die Angst vor Rache beeinflussen oder steigen selbst in einen Kreislauf der Rache ein.

Hintergrund
Rächer haben sich als Kinder machtlos und der Autorität anderer ausgeliefert gefühlt. Aus dieser Erfahrung heraus reagieren sie schnell mit Groll und zahlen es anderen heim, sobald sich eine Gelegenheit dazu bietet.

Mein Rächer

Arbeitsblatt

Leiden Sie gerade unter einem Rächer? Oder waren Sie in der Vergangenheit mit einem konfrontiert und wollen nun aus Ihren Erfahrungen lernen? Oder leidet eine Person, die Ihnen nahesteht, unter einem Rächer?

1. Auf welche Weise waren Sie Rache oder Bestrafung ausgesetzt? Halten Sie zwei oder drei charakteristische Beispiele fest.

....

....

....

....

....

2. Machen Sie sich den Schaden bewusst, der entstanden ist: was Sie an Zeit, Geld, gutem Ruf oder Entfaltungsmöglichkeiten eingebüßt haben oder worin der emotionale Schaden lag.

....

....

....

....

....

....

3. Wie haben Sie bisher auf die Bestrafungen oder Racheakte reagiert? Orientieren Sie sich dabei an den grundlegenden Stressreaktionen:
- Unterwerfung: „Ich sage mir: ‚Ich bin selbst schuld, ich hätte meinen Rächer eben besser behandeln müssen'."
- Flucht: „Ich behandle den Rächer mit Samthandschuhen, um ja nicht wieder bestraft zu werden."
- Kampf: „Ich versuche, die Racheakte ans Licht zu ziehen oder zahle es meinem Rächer heim."

....
....
....
....
....

4. Erkennen Sie den wunden Punkt Ihres Rächers. Ahnen Sie, warum sich Ihr Rächer nicht offen auseinandersetzt, wenn ihn etwas stört? Gibt es Hinweise darauf, warum er sich Ihrer Persönlichkeit und Ihrem Einfluss nicht gewachsen fühlt?

....
....
....
....
....
....

Wie Sie Rächer entwaffnen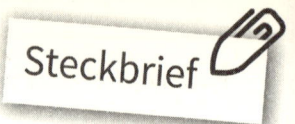

- Erkennen Sie verdeckte Rache an der Häufung von Verhaltensweisen oder Unterlassungen, die scheinbar zufällig passieren, Sie aber doch an empfindlichen Stellen treffen.

- Versuchen Sie nicht, die heimliche Rache zu entlarven. Konfrontieren Sie Rächer stattdessen sachlich mit den Folgen, die ihr Verhalten für Sie hat.

- Beugen Sie einer Rache vor, indem Sie sensibel mit Machtsituationen und den Interessen von Rächern umgehen. Fragen Sie zuvorkommend nach einer möglichen Unzufriedenheit.

- Entschärfen Sie die Unzufriedenheit eines Rächers durch kleine Zugeständnisse, Verständnis und den Verweis auf Sachzwänge.

- Bestehen Sie bei der Verletzung Ihrer Interessen auf einer Wiedergutmachung oder auf Konsequenzen. Wo das nicht möglich ist, vergeben Sie lieber, anstatt eine negative emotionale Bindung an den Rächer entstehen zu lassen.

Rächer entwaffnen

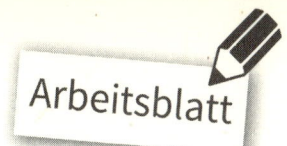

1. An welchen Stellen sollten Sie Ihren Rächer mit den Folgen konfrontieren, die sein Verhalten für Sie hat oder hatte? (Beispiel: „Wenn Sie schlecht über mich reden, statt das Problem mit mir zu besprechen, dann schaden Sie meinem Ruf.")

....

....

....

....

....

....

2. Können Sie angemessene Konsequenzen anwenden oder eine Wiedergutmachung durchsetzen, ohne dass die Situation eskaliert? (Beispiel: „Bitte sage du es dem Chef, dass du die Frist nicht eingehalten hast und wir deshalb im Verzug sind. Andernfalls werde ich es tun.")

....

....

....

....

....

....

3. Wo bleibt Ihnen nichts anderes übrig, als einen Schaden hinzunehmen? Entschließen Sie sich hier zum Vergeben, damit in Ihnen kein Groll und keine Rachegelüste entstehen. Halten Sie hier ein „Ich-vergebe-dir/Ihnen-Statement" fest.

....

....

....

4. Wie können Sie wieder positive Gefühle für Ihren Rächer entwickeln? (Beispiele: auf seine positiven Seiten sehen, sich erinnern, dass Sie auch schon an anderen schuldig geworden sind, Ihrem Rächer in einer kleinen Sache unverdient etwas Gutes tun ...)

....

....

....

5. Wo haben Sie Macht ausgeübt oder Entscheidungen getroffen, die Ihnen Ihr Rächer vielleicht übel genommen hat? Wo können Sie künftig in ähnlichen Situationen transparenter vorgehen, Ihren Rächer einbeziehen und seine Interessen berücksichtigen, um Racheakten vorzubeugen?

....

....

....

Meine Stacheln

Auch Ihren Schwächen begegnen Sie in vier Schritten. Ein Steckbrief stellt Ihnen den jeweiligen Stachel vor und den wunden Punkt, den Sie mit diesem Stachel vielleicht schützen. Ein Arbeitsblatt hilft Ihnen zu erkennen, inwieweit Sie den jeweiligen Stachel einsetzen und in welchen Situationen er zum Vorschein kommt. Ein zweiter Steckbrief fasst dann zusammen, wie Sie die Schwäche überwinden können, die sich hinter einem Stachel verbirgt. Ein weiteres Arbeitsblatt leitet Sie zu den Schritten an, durch die Sie Ihren Stachel allmählich entbehrlich machen.

Beginnen Sie bei der Schwäche, in der Sie sich sofort wiederfinden. Meist setzen wir in unterschiedlichen Situationen verschiedene Stacheln ein, in Freundschaften zum Beispiel andere als im Beruf. Neben Schwächen, die offensichtlich sind, gibt es meist verborgene, die wir uns nicht gerne eingestehen. Vielleicht fragen Sie ja einmal eine Person, der Sie vertrauen: „Schau dir doch einmal folgende Steckbriefe an. Was trifft deiner Meinung nach auf mich zu?"

Unsere Persönlichkeit ist vielschichtig. Deshalb sollten Sie nicht erwarten, dass Sie in allem sofort ein klares Bild haben und sofort den ganzen Weg vor sich sehen, auf dem Sie Ihre Schwäche überwinden können. Beginnen Sie mit den Punkten, die Ihnen klar werden, und gehen Sie die Schritte, die daraus folgen. Vieles wird dann auf dem weiteren Weg noch deutlicher werden.

Folgende Schwächen werden Sie in diesem Kapitel kennenlernen.

Grenzen überschreiten. Wenn beziehungsorientierte Menschen zu weit gehen, dann vereinnahmen sie andere. Sie stellen mehr Nähe her als die, auf die sich ein anderer einlassen kann. Auch in der Zusammenarbeit, im Teilen von Dingen und Informationen setzen sie manchmal ein „Ja" voraus, das noch gar nicht ausgesprochen wurde.

Blenden. Wer auf einen guten Eindruck aus ist, stellt manchmal ein Bild von sich aus, das zu schön ist, um wahr zu sein. Selbstdarstellung weckt Erwartungen, die andere irgendwann enttäuschen.

Energie rauben. Manche Menschen verlangen zu viel von sich. Sie überfordern sich und suchen dann ein offenes Ohr oder Unterstützung. Anderen kann das Zeit und Kraft rauben.

Abwerten. Kritische Menschen urteilen manchmal streng, wenn andere ihren Maßstäben nicht gerecht werden. Das entmutigt, kränkt und verletzt. Es weckt auch den Zorn auf den, der sich selbst zum Maßstab macht.

Einschüchtern. Dies ist die Versuchung starker Persönlichkeiten, die anderen Angst machen und sich auf diese Weise durchsetzen.

Vermeiden. Vorsichtige Menschen gehen Unangenehmem manchmal aus dem Weg. Wenn in Beziehungen etwas schwierig wird, ziehen sie sich lieber in ihr Schneckenhaus zurück. Auch bei schwierigen Aufgaben zögern sie manchmal lange. Das kann enttäuschen.

Rächen. Manche Menschen sind sensibel für Ungerechtigkeiten. Wenn ihnen die widerfahren, greifen sie zur Macht der Ohnmächtigen. Sie bestrafen andere, oft auf unauffällige Weise.

Menschen ohne Stacheln. Auch Friedfertigkeit kann man übertreiben. Ein Übermaß an Toleranz und Gelassenheit macht andere wütend.

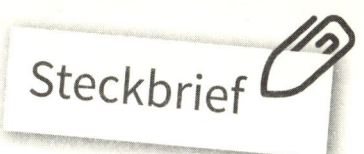

Grenzen überschreiten

Die Schwäche
- Erziehen Sie andere manchmal?
- Vereinnahmen Sie andere?
- Drängen Sie andere manchmal, z. B. sich zu öffnen?
- Setzen Sie zu oft Ihren Willen durch?

Wunder Punkt
Ein emotionaler Mangel oder die Erfahrung von Missachtung können Kinder gewissermaßen allergisch machen, sodass sie bereits auf kleine Situationen von Mangel und Missachtung stark reagieren. Manchmal ist es auch die Erfahrung, zu sehr für andere (zum Beispiel für Geschwister) verantwortlich zu sein, die später überreagieren lässt.

Schutzmechanismen
Der Versuch, ideale Beziehungen aufzubauen, in denen jeder selbstlos für die Bedürfnisse und Interessen des anderen einsteht.
Eine kämpferische Selbstbehauptung, die die Grenzen anderer manchmal überschreitet.

Folgen
Andere fühlen sich vereinnahmt, unter Druck gesetzt oder ihrer Entscheidungsfreiheit beraubt.

Grenzen überschreiten

Arbeitsblatt

1. Welche der folgenden Verhaltensweisen setzen Sie ein?

- ☐ Ich habe schon einmal Aufgaben verteilt, ohne die Zustimmung meines Gegenübers abzuwarten.
- ☐ Manchmal versuche ich, andere zu ihrem Glück zu zwingen.
- ☐ Wenn andere vor Entscheidungen stehen, äußere ich meine Ansicht manchmal so bestimmt, dass sie sich beeinflussen lassen.
- ☐ Andere haben mir schon gesagt, dass sie sich von mir kontrolliert fühlen.
- ☐ Ich kann schnell tiefe Beziehungen eingehen und Nähe herstellen, manchmal überfordere ich andere damit.
- ☐ In Stresssituationen überfahre oder dominiere ich andere manchmal.
- ☐ Stoppsignale anderer übersehe oder ignoriere ich manchmal.
- ☐ Ich muss mich manchmal richtig zusammenreißen, um vertrauliche Dinge nicht weiterzuerzählen.
- ☐ Im Eifer des Gefechtes hole ich manchmal für mich das Beste heraus und benachteilige andere.
- ☐ Ich lasse mich manchmal zu Gefühlsäußerungen oder wütenden Worten hinreißen, die eigentlich zu weit gehen.

2. Setzen Sie noch andere Verhaltensweisen ein, durch die Sie die Rechte oder Interessen anderer übergehen? Können Sie sie beschreiben?

....

....

....

....

3. Spüren Sie dem wunden Punkt nach, der im Steckbrief beschrieben ist. (Wenn Sie zum Grenzen Überschreiten neigen:) In welcher Weise trifft dieser auf Sie zu?

4. In welchen Situationen wird Ihr wunder Punkt aus der Kindheit wieder aktiviert? Was muss passieren, damit Sie Ihren Stachel „Grenzen überschreiten" ausfahren?

5. Rufen Sie sich zwei oder drei Situationen in Erinnerung, in denen Ihr Stachel „Grenzen überschreiten" anderen ihre Freiheit geraubt hat. Wie haben Sie diese Situation erlebt? Wie ist es wohl den anderen gegangen?

Freiheit gewinnen

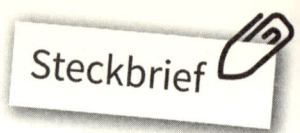

Definieren Sie Ihren Verantwortungsbereich!

- Setzen Sie sich selbst eine Grenze, wo Ihre Verantwortung für andere endet.
- Setzen Sie sich eine Grenze, an der Ihr Einsatz für Ihre Bedürfnisse oder für eine gute Sache enden sollte.
- Setzen Sie sich eine Grenze, an der die Privatsphäre des anderen beginnt, in die sich andere ungestört zurückziehen dürfen.

Lernen Sie, Menschen zu gewinnen!

- Investieren Sie Freundlichkeit, Hilfsbereitschaft und Wertschätzung.
- Lassen Sie andere frei in ihrer Reaktion und warten Sie, bis etwas zurückkommt.
- Leben Sie Ihre Überzeugungen und Werte, bis Ihr Vorbild andere ansteckt.

Gehen Sie einen spirituellen Weg der Freiheit!

- Nehmen Sie Jesus als Vorbild. In der Versuchungsgeschichte (im 4. Kapitel des Matthäusevangeliums) verzichtet er auf alles, was Menschen in seine Abhängigkeit bringen würde: Brot für alle, ein unüberbietbares Wunder, die Weltherrschaft.
- Vertrauen Sie: Was Sie loslassen, kommt in besserer Form zu Ihnen zurück.

So gewinnen Sie Freiheit

1. Haben Sie eine Grenze überschritten, weil Sie sich für jemanden verantwortlich fühlen? Dann legen Sie hier die Grenze fest, an der Ihre Verantwortung endet.

....

....

....

2. Haben Sie eine Grenze überschritten, weil Sie sich ohnmächtig gefühlt haben? Dann legen Sie hier fest, wo ein guter Einfluss endet und wo Sie loslassen sollten.

....

....

....

3. Haben Sie eine Grenze überschritten, weil ein anderer nicht mehr Nähe und Offenheit wollte? Dann legen Sie hier fest, wo die Privatsphäre des anderen beginnt.

....

....

....

....

4. Führen Sie sich vor Augen, auf welche Weise Sie in Ihrem Leben Freundschaft, Liebe und Unterstützung gewonnen haben. Was haben Sie getan, um gute Bindungen aufzubauen?

....

....

....

5. Welche Menschen würden Sie gerne mehr für sich gewinnen? Wie können Sie Ihre Qualitäten nutzen, die Sie in Frage 4 festgehalten haben?

....

....

....

6. Wo in Ihrem Leben kann Loslassen zu einer Übung im Gottvertrauen werden? (Teilen Sie Gottes Entschluss, jedem Menschen seine Freiheit zu lassen. Vertrauen Sie, dass Sie Besseres erhalten, wenn Sie loslassen.)

....

....

....

....

....

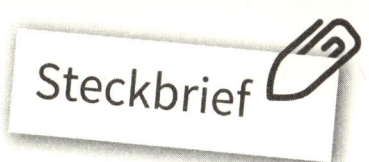

Blenden/ Selbstdarstellung

Die Schwäche
- Können Sie sich gut verkaufen?
- Übertreiben Sie manchmal Ihre Erfolge und Qualitäten?
- Verbergen Sie manchmal Ihre Fehler und Misserfolge?

Wunder Punkt
Wer zur Selbstdarstellung neigt, hat als Kind Liebe erfahren, die an Bedingungen verknüpft war:
„Ich erhalte Aufmerksamkeit, Zuwendung, Lob oder Bestätigung, wenn ich ...
- ... perfekt bin."
- ... Leistung bringe."
- ... Erfolg habe."

Schutzmechanismen
Die eigenen Leistungen und Qualitäten in Szene setzen.
Fehler, Misserfolge und Schwächen verbergen.

Folgen
Andere bauen zu hohe Erwartungen auf und werden dann enttäuscht.

Blenden/Selbstdarstellung

Arbeitsblatt

1. Welche der folgenden Verhaltensweisen setzen Sie ein?

- ☐ Ich erwähne meine Qualitäten und Erfolge sofort, wenn ich die Bekanntschaft von einflussreichen oder erfolgreichen Persönlichkeiten mache.
- ☐ Meine Erfolge und Qualitäten setze ich manchmal so in Szene, dass mich andere für besser halten als ich bin.
- ☐ Wenn andere zu gut von mir denken, genieße ich es, statt den Eindruck zu korrigieren.
- ☐ Es fällt mir schwer, zu meinen Fehlern und Schwächen zu stehen.
- ☐ Manchmal mogle ich ein wenig, um besser vor anderen dazustehen.
- ☐ Ich habe schon einmal übertrieben, was ich kann oder erreicht habe.
- ☐ Wenn es um meine Fehler geht, gebe ich manchmal nur einen Teil der Wahrheit zu.
- ☐ Ehrlich gesagt, ist es mir am liebsten, wenn mich alle toll finden, selbst Menschen, die ich nicht besonders mag.
- ☐ Manchmal verbiege ich mich, damit ich so bin, wie es die anderen von mir erwarten.
- ☐ Andere haben mir schon gesagt, dass ich zu perfekt wirke oder dass ich angebe.
- ☐ Wenn ich etwas Besonderes erreiche, kann ich es unmöglich für mich behalten.

2. Setzen Sie noch andere Verhaltensweisen ein, durch die Sie vor anderen gut dastehen? Können Sie sie beschreiben?

....

....

....

....

3. Spüren Sie dem wunden Punkt nach, der im Steckbrief beschrieben ist. (Wenn Sie zum Blenden/zur Selbstdarstellung neigen:) In welcher Weise trifft dieser auf Sie zu?

4. In welchen Situationen wird Ihr wunder Punkt aus der Kindheit wieder aktiviert? Was muss passieren, damit Sie Ihren Stachel „Blenden/Selbstdarstellung" ausfahren?

5. Rufen Sie sich zwei oder drei Situationen in Erinnerung, in denen Ihr Stachel „Blenden/Selbstdarstellung" andere enttäuscht hat. Wie haben Sie diese Situation erlebt? Wie ist es wohl den anderen gegangen?

Authentisch sein

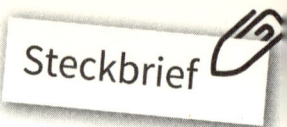

Entdecken Sie das Gewöhnliche!

- Machen Sie sich bewusst: Erfolg und Statussymbole führen Sie zu einer Liebe, die an Bedingungen geknüpft ist und in der Sie etwas beweisen müssen.
- Entdecken Sie, wie Sie mit ganz gewöhnlichen Eigenschaften die Liebe und Wertschätzung anderer wecken (Beispiel: Hilfsbereitschaft, Lebensfreude, Offenheit, Ausgeglichenheit, Ernsthaftigkeit ...).

Versöhnen Sie sich mit Schwächen und Misserfolgen!

- Entdecken Sie: Menschlichkeit – das Zugeben von Schwächen – wirkt sympathisch.
- Werden Sie ehrlicher und authentischer. So entdecken Sie, wer Sie wirklich schätzt und liebt.

Gehen Sie einen spirituellen Weg der Echtheit!

- Erproben Sie den Rat Jesu zur Bescheidenheit: „Wer sich erniedrigt, wird erhöht werden."
- Suchen Sie die bedingungslose Liebe Gottes durch Beichte und das Annehmen von Gottes Vergebung, durch die Meditation des Weges Jesu (sein Leben, sein Tod und seine Auferstehung) oder andere Zugänge, die Ihnen vielleicht bekannt sind.

So werden Sie authentisch

1. Welche (ganz normalen) Eigenschaften von Ihnen schätzen andere, wenn Sie einmal von Ihren Leistungen und Ihrem Status absehen?

....

....

....

....

....

2. Wenn Sie zur Selbstdarstellung neigen, lebt in Ihnen eine besondere Sehnsucht nach Echtheit. Menschen, vor denen Sie ehrlich und echt sein können, ziehen Sie in besonderer Weise an. Wo haben Sie das schon einmal erlebt? Was müssten Sie tun, um häufiger solche Erfahrungen zu machen?

....

....

....

....

....

....

3. Wo könnten Sie mehr zu Ihren Fehlern und Schwächen stehen, ohne dass Ihnen dies schadet?

....

....

....

4. Wo können Sie einen spirituellen Weg der Echtheit gehen? (Beispiele: mit Urvertrauen zu sich selbst stehen, ehrlich sein und in Kauf nehmen, dass andere Sie so sehen, wie Sie sind.)

....

....

....

....

5. Wie können Sie einen tieferen Zugang zu Gottes bedingungsloser Liebe finden?

....

....

....

....

....

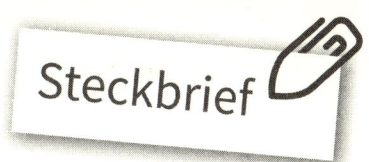

Energie rauben/
Selbstüberforderung

Die Schwäche
- Sind Sie häufig überanstrengt und erschöpft?
- Können Sie sich nicht gut schützen?
- Machen sich andere manchmal Sorgen um Sie?
- Bieten Ihnen andere manchmal mehr Hilfe an, als Ihnen lieb ist?

Wunder Punkt
Manche Menschen starten mit einem Nachteil ins Leben, zum Beispiel einer Hochsensibilität oder einer angegriffenen Gesundheit. Trotzdem wollen sie ein „normales" Leben führen wie alle anderen. Außerdem erwarten Eltern oder andere Bezugspersonen oft, dass sie „normal" funktionieren.

Schutzmechanismen
Sich über die eigenen Kräfte hinaus anstrengen.
Die Hilfsbereitschaft anderer durch Signale der Überforderung aktivieren.

Folgen
Andere spüren die Überforderung und geraten in eine Helferrolle. Sie investieren mehr Zeit und Energie, als sie übrig haben.

Energie rauben/ Selbstüberforderung

1. Welche der folgenden Verhaltensweisen setzen Sie ein?

- ☐ Ich suche häufig den Rat von anderen.
- ☐ Ich gerate schnell aus dem inneren Gleichgewicht.
- ☐ In meinen guten Beziehungen gibt es immer wieder Phasen, in denen ich mehr nehme, als ich gebe.
- ☐ Hin und wieder gerate ich in Beziehungen, in denen ich ausgenutzt, abgewertet, verletzt oder in meinen Bedürfnissen missachtet werde.
- ☐ Wenn andere zu viel von mir verlangen oder nicht fair mit mir umgehen, kann ich mich schlecht wehren.
- ☐ Ich bin häufig erschöpft und müde.
- ☐ Es gibt Probleme, die mich schon seit Jahren begleiten.
- ☐ Ich nehme mir so viel vor, dass ich in Stress oder unter Druck gerate.
- ☐ Andere bieten mir häufig ihre Hilfe an.
- ☐ Manchmal werde ich von anderen bevormundet.
- ☐ Mitunter sagen mir andere, ich sei anstrengend oder kompliziert.

2. Setzen Sie noch Verhaltensweisen ein, die andere alarmieren und in eine Helferrolle bringen? Können Sie sie beschreiben?

....

....

....

....

....

3. Spüren Sie dem wunden Punkt nach, der im Steckbrief beschrieben ist. (Wenn Sie zum Energie rauben/zu Selbstüberforderung neigen:) In welcher Weise trifft dieser auf Sie zu?

....

....

....

....

4. In welchen Situationen wird Ihr wunder Punkt aus der Kindheit wieder aktiviert? Was muss passieren, damit Sie sich selbst überfordern?

....

....

....

....

5. Rufen Sie sich zwei oder drei Situationen in Erinnerung, in denen Ihr Stachel „Energie rauben/Selbstüberforderung" andere überfordert hat. Wie haben Sie diese Situation erlebt? Wie ist es wohl den anderen gegangen?

....

....

....

....

Das Leben vereinfachen

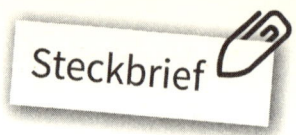

Verkleinern Sie Ihr Leben!

- Lassen Sie unerfüllbare Wünsche los.
- Verringern Sie Ihre Ansprüche an sich selbst.
- Setzen Sie Ihre Ziele etwas bescheidener.

Lernen Sie, sich selbst zu schützen!

- Meiden Sie unangenehme Menschen oder pflegen Sie einen sachlichen, distanzierten Umgang mit ihnen.
- Verhandeln Sie, damit man Ihnen nicht Aufgaben überträgt, die Sie überfordern, und Sie nicht unter belastenden Bedingungen arbeiten zu müssen.
- Lernen Sie, Nein zu sagen.
- Suchen Sie professionelle Hilfe, wenn Sie Probleme nicht selbst lösen können.

Gehen Sie einen spirituellen Weg der Einfachheit!

- Nehmen Sie Jesus als Vorbild, der einfach gelebt hat und viele Erwartungen enttäuscht hat.
- Konzentrieren Sie sich auf die wenigen Dinge, die für Ihr Glück und Ihre Sinnerfüllung wesentlich sind.

So vereinfachen Sie Ihr Leben

Halten Sie an einem unerfüllbaren Wunsch fest? Entschließen Sie sich hier zum Loslassen. **1.**

....

....

....

....

Wo können Sie mit Ihren Ansprüchen an sich selbst barmherziger und maßvoller werden? **2.**

....

....

....

....

Welche Menschen stressen Sie gerade? Wie könnten Sie sich hier durch Neinsagen oder Verhandeln besser schützen? **3.**

....

....

....

....

4. Welche Situationen stressen Sie gerade? Was können Sie an diesen Situationen ändern, um sich zu entlasten? Wer könnte Ihnen dabei helfen?

....

....

....

....

5. Kennen Sie Beispiele für die Einfachheit des Lebens Jesu? Kennen Sie Situationen, in denen Jesus Erwartungen enttäuscht hat? Inwiefern kann das ein Vorbild für Sie sein?

....

....

....

....

6. Welche fünf Dinge sind für Ihr Glück und Ihre Sinnerfüllung am wichtigsten? Was müssten Sie weglassen, um sich besser auf diese Dinge konzentrieren zu können?

....

....

....

....

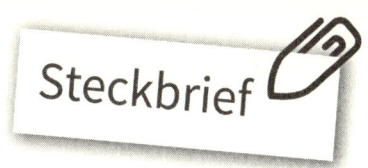

Einschüchtern

Die Schwäche
- Flößen Sie anderen Respekt ein?
- Gehen Sie oft als Sieger aus Konflikten hervor?
- Würden Sie niemals klein beigeben?
- Können Sie auch einmal laut und heftig werden?

Wunder Punkt
Menschen, die zur Einschüchterung neigen, sind in einer Familie oder in einer Umwelt aufgewachsen, in der Schwäche zu Verletzungen führte oder sogar ausgenutzt wurde.

Schutzmechanismen
Sich und den anderen die eigene Stärke beweisen.
Durch Kraftproben Sicherheit gewinnen und klare Verhältnisse herstellen.

Folgen
Andere reagieren eingeschüchtert, geben nach oder weichen in Heimlichkeiten aus.

Einschüchtern

1. Welche der folgenden Verhaltensweisen setzen Sie ein?

- ☐ Ich setze eine kraftvolle Körpersprache ein (aufrechter Körper, herausfordernder Blick, kämpferische Gesten).
- ☐ Es gibt Menschen, die Angst vor mir haben.
- ☐ Andere kommen mir oft übertrieben empfindsam vor.
- ☐ Manchmal ziehe ich rote Linien, die andere nicht zu überschreiten wagen.
- ☐ Manchmal überrumpele ich andere.
- ☐ Manchmal spreche ich ein Machtwort.
- ☐ Manchmal lasse ich Konflikte eskalieren, bis der andere nachgibt.
- ☐ Ich lasse andere manchmal auch einmal deren Unterlegenheit spüren.
- ☐ Ich demonstriere anderen gegenüber manchmal meine Stärke und Unerschrockenheit.
- ☐ Die Schwachpunkte anderer erkenne ich meist sofort.
- ☐ Ich drohe anderen manchmal mit schmerzhaften Konsequenzen.
- ☐ Manchmal fordere ich andere heraus, um deren wahre Stärke und ihr wahres Gesicht zu erkennen.

2. Setzen Sie noch andere Verhaltensweisen ein, durch die Sie anderen Respekt einflößen? Können Sie sie beschreiben?

....

....

....

....

....

3. Spüren Sie dem wunden Punkt nach, der im Steckbrief beschrieben ist. (Wenn Sie zum Einschüchtern neigen:) In welcher Weise trifft dieser auf Sie zu?

....

....

....

....

4. In welchen Situationen wird Ihr wunder Punkt aus der Kindheit wieder aktiviert? Was muss passieren, damit Sie Ihren Stachel „Einschüchtern" ausfahren?

....

....

....

....

5. Rufen Sie sich zwei oder drei Situationen in Erinnerung, in denen Ihr Stachel „Einschüchtern" anderen Angst gemacht hat. Wie haben Sie diese Situation erlebt? Wie ist es wohl den anderen gegangen?

....

....

....

....

Sich selbst entwaffnen

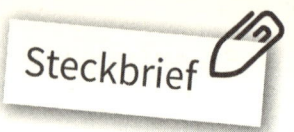

Versöhnen Sie sich mit Ihrer Verwundbarkeit!

- Pflegen Sie Umgang mit Menschen, bei denen Sie auch einmal schwach und verletzbar sein dürfen.
- Entdecken Sie Verwundbarkeit als Türöffner zu Verständnis, Sympathie und Rücksicht anderer.
- Sparen Sie sich die Härte für die wenigen rücksichtslosen Zeitgenossen auf.

Kämpfen Sie auf Augenhöhe!

- Öffnen Sie sich und legen Sie Ihre Bedürfnisse und Interessen offen.
- Verhandeln Sie auf der Grundlage zwischenmenschlicher Spielregeln und eines fairen Gebens und Nehmens.
- Zeigen Sie die Folgen auf, die die Entscheidungen anderer haben.

Gehen Sie einen spirituellen Weg des Machtverzichts!

- Lassen Sie sich vom Machtverzicht inspirieren, den Jesus vorlebte.
- Entdecken Sie Wahrheit und Liebe als spirituelles Einflussmittel.
- Lassen Sie Menschen mehr zählen als eine gute Sache oder Ihren Sieg.

So entwaffnen Sie sich selbst

1. Schulen Sie Ihr Vertrauen. Teilen Sie die Menschen, mit denen Sie zu tun haben, in zwei Kategorien ein: (weitgehend) vertrauenswürdig – nicht vertrauenswürdig. Wenn in der zweiten Kategorie mehr als 30 % Ihrer Bezugspersonen liegen, haben Sie ein Problem mit Misstrauen. Überprüfen Sie die Zuordnung mithilfe anderer.

....

....

....

....

....

2. Wie können Sie sich vertrauenswürdigen Menschen mehr öffnen? Wie könnten Sie auch Ihre Schwäche und Ihre verletzbaren Seiten zeigen? Welche Reaktion erwarten Sie?

....

....

....

....

....

3. Unterscheiden Sie: einschüchternde Kommunikation – faire Kommunikation. Zählen Sie für beides Beispiele auf.

4. Gehen Sie einen spirituellen Weg des Machtverzichts. Warum ist Jesus wohl so machtlos aufgetreten, wenn er wirklich Gottes Sohn war? Was hat er damit bezweckt? Inwiefern könnte das ein Vorbild für Sie sein?

5. Wie hat Jesus trotz seiner Schwäche große Autorität gewonnen? Fallen Ihnen dazu Beispiele aus der Bibel ein? Wie könnte Ihr Weg zu einer guten, spirituellen Autorität aussehen?

Abwerten

Die Schwäche
- Urteilen Sie manchmal streng oder sogar hart?
- Unterstellen Sie anderen manchmal schlechte Eigenschaften oder Absichten?
- Finden Sie die Fehler anderer schnell heraus und auch die Mängel dessen, was andere tun?

Wunder Punkt
Bezugspersonen in der Kindheit waren unfähig, auf Grundbedürfnisse feinfühlig einzugehen (zumindest in einzelnen Lebensbereichen); durch Mangel an Verständnis entstanden auch Selbstwertverletzungen.

Schutzmechanismen
Versuch, andere „besser" zu machen: kritisieren, analysieren, erziehen, negativ beurteilen, Rückzug in überlegene Distanz.

Folgen
Andere fühlen sich gekränkt, nicht akzeptiert oder unter dem Druck, immer besser zu werden.

Abwerten

1. Welche der folgenden Verhaltensweisen setzen Sie ein?

- ☐ Wenn ich unter Stress bin, spreche ich harte Urteile aus.
- ☐ Ich bin manchmal ein Moralapostel, der andere verurteilt.
- ☐ Ich entdecke bei anderen manchmal schlechte Absichten und spreche dies auch aus.
- ☐ Ich erkenne schnell die Fehler und Charaktermängel anderer.
- ☐ Manchmal analysiere ich auf eine Weise, bei der andere nicht gut wegkommen.
- ☐ Ich mache andere auf Mängel aufmerksam, auch wenn sie insgesamt etwas Gutes geleistet haben.
- ☐ Manchmal kann ich verletzend ironisch sein.
- ☐ Manchmal stelle ich die Fehler und Schwächen anderer mit Bemerkungen bloß.
- ☐ Gelegentlich versuche ich, Menschen, die mir nahestehen, zu erziehen.
- ☐ Ich reagiere schnell gereizt auf Fehler anderer, besonders, wenn sie sich leichtsinnig und unaufmerksam verhalten.
- ☐ Man hat mir schon einmal gesagt, ich sei arrogant oder würde mich über andere stellen.

2. Setzen Sie noch andere Verhaltensweisen ein, durch die sich andere übertrieben kritisiert oder abgewertet fühlen? Können Sie sie beschreiben?

....

....

....

....

3. Spüren Sie dem wunden Punkt nach, der im Steckbrief beschrieben ist. (Wenn Sie zum Abwerten neigen:) In welcher Weise trifft dieser auf Sie zu?

....

....

....

4. In welchen Situationen wird Ihr wunder Punkt aus der Kindheit wieder aktiviert? Was muss passieren, damit Sie Ihren Stachel „Abwerten" ausfahren?

....

....

....

5. Rufen Sie sich zwei oder drei Situationen in Erinnerung, in denen Ihr Stachel „Abwerten" andere verletzt, gekränkt oder unter Druck gesetzt hat. Wie haben Sie diese Situation erlebt? Wie ist es wohl den anderen gegangen?

....

....

....

....

Unvollkommenheit akzeptieren

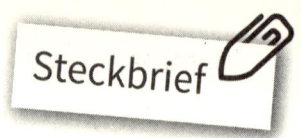

Umarmen Sie die Unvollkommenheit!

- Rufen Sie sich Situationen in Erinnerung, in denen Sie in einer unvollkommenen Welt mit unvollkommenen Menschen glücklich waren.
- Vertrauen Sie sich anderen mit Ihren Bedürfnissen an und akzeptieren Sie das Gute, das von anderen kommt, auch wenn es nicht perfekt ist.
- Genießen Sie die Qualitäten anderer und versuchen Sie, über deren Schwächen und Fehler hinwegzusehen.

Entschärfen Sie Kränkungen!

- Nehmen Sie es nicht persönlich, wenn andere Ihre Bedürfnisse einmal ignorieren oder unzureichend auf diese reagieren.
- Gestehen Sie sich ruhig ein, wenn Sie doch einmal gekränkt sind. Wenn Sie das Gefühl annehmen, dauert es in der Regel nicht lange, bis eine Missachtung oder ein Unverständnis anderer verschmerzt sind.
- Suchen Sie mildernde Umstände, die es leichter machen, dem anderen zu verzeihen.

Gehen Sie einen spirituellen Weg des Vertrauens!

- Nehmen Sie Jesus als Vorbild. Sein Schüler Petrus hat oft versagt und doch hat Jesus ihm die Leitung der jungen Kirche anvertraut.
- Vertrauen Sie auf das Beste im andern, auf seine Entwicklungsmöglichkeiten. Oft setzt erst Vertrauen das Gute im andern frei.

So akzeptieren Sie Unvollkommenheit

1. Trainieren Sie Ihre Wahrnehmung. Wo haben Sie von unvollkommenen Menschen Gutes erfahren?

....
....
....

2. Rufen Sie sich eine Situation in Erinnerung, in der Sie den Stachel „Abwerten" ausgefahren haben. Können Sie auch bei dieser Person ein Bemühen, Verständnis, Hilfsbereitschaft oder sogar Liebe Ihnen gegenüber erkennen? Vielleicht in ganz anderen Situationen?

....
....
....

3. Notieren Sie hier die Schwächen von wichtigen Menschen in Ihrem Leben. Wo wollen Sie Annahme und Toleranz dafür üben?

....
....
....
....

4. Dass unachtsames und unfähiges Verhalten anderer ihr Selbstwertgefühl verletzt, ist Ihnen vermutlich nicht immer bewusst. Spüren Sie dem einmal nach. Rufen Sie sich unachtsame oder unfähige Verhaltensweisen anderer in Erinnerung und spüren Sie einmal genau, wie es Ihnen damit geht. Halten Sie die Gefühle hier fest. (Lassen Sie sich dann ein wenig Zeit, diese Gefühle zu verschmerzen.)

5. Führen Sie sich die Menschen vor Augen, denen gegenüber Sie manchmal den Stachel „Abwerten" einsetzen. Falls es sich bei diesen Menschen nicht um einen ganz schwierigen Menschen handelt: Wo könnten Sie einen Vertrauensvorschuss schenken? Wie könnten Sie Ihre Bedürfnisse in einer Weise zeigen, dass es der oder die andere versteht?

Vermeiden

Die Schwäche
- Ziehen Sie sich zurück, wenn Sie unsicher werden?
- Scheuen Sie manchmal vor schwierigen Aufgaben zurück?
- Haben Sie andere schon einmal im Stich gelassen, weil Sie Unannehmlichkeiten befürchtet haben?
- Gibt es einige Herausforderungen in Ihrem Leben, denen Sie immer wieder aus dem Weg gehen?

Wunder Punkt
Wer zum Vermeiden neigt, war in seiner Kindheit Gefahren ausgesetzt oder hatte ängstliche Bezugspersonen, die vermittelt haben: „Die Welt ist gefährlich! Du musst dich in Acht nehmen ..."

Schutzmechanismen
Rückzug und Ausweichen, wenn etwas unangenehm, überfordernd oder gefährlich werden könnte.

Folgen
Andere fühlen sich im Stich gelassen oder werden ärgerlich über das Vermeidungsverhalten.

Vermeiden

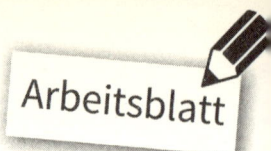

1. Welche der folgenden Verhaltensweisen setzen Sie ein?

- ☐ Ich gehe Konflikten aus dem Weg.
- ☐ Ich lege mich nicht gerne fest.
- ☐ Wenn es Spannungen gibt, ziehe ich mich zurück.
- ☐ Probleme sitze ich manchmal aus.
- ☐ Ich wirke distanziert, weil ich mich nicht gerne auf Nähe einlasse.
- ☐ Unangenehme Aufgaben schiebe ich manchmal auf.
- ☐ Wenn Situationen zu schwierig werden, neige ich manchmal zur Flucht.
- ☐ Ich habe Ängste, wie z. B. vor dem Fliegen, vor weiten Reisen, vor engen Räumen, vor Arztbesuchen, vor fremden Menschen oder davor, öffentlich zu sprechen.
- ☐ Wenn unvermutete Probleme auftauchen, gerate ich unter Stress.
- ☐ Andere haben sich schon über meinen Rückzug oder meine Verschlossenheit beklagt.
- ☐ Andere haben sich von mir schon im Stich gelassen gefühlt, weil ich aus Unsicherheit eine Aufgabe nicht erledigt habe.

2. Setzen Sie noch andere Verhaltensweisen ein, die von Angst bestimmt sind? Können Sie sie beschreiben?

....

....

....

....

....

....

3. Spüren Sie dem wunden Punkt nach, der im Steckbrief beschrieben ist. (Wenn Sie zum Vermeiden neigen:) In welcher Weise trifft dieser auf Sie zu?

....

....

....

4. In welchen Situationen wird Ihr wunder Punkt aus der Kindheit wieder aktiviert? Was muss passieren, damit Sie unangenehmen Situationen aus dem Weg gehen?

....

....

....

5. Rufen Sie sich zwei oder drei Situationen in Erinnerung, in denen Ihr Stachel „Vermeiden" andere enttäuscht hat. Wie haben Sie diese Situation erlebt? Wie ist es wohl den anderen gegangen?

....

....

....

....

Angst überwinden

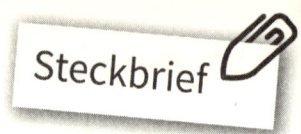

Lernen Sie sich zu schützen!

- Unterscheiden Sie, welche Menschen und Situationen wirklich für Sie schädlich sind und welche nicht.
- Setzen Sie sich auch herausfordernden Situationen und Menschen aus. Trainieren Sie dadurch Ihre Fähigkeit, Einfluss auf eine Situation auszuüben.

Lernen Sie, Ihre Angst zu überwinden!

- Entlarven Sie Ihre Katastrophengedanken, indem Sie Ihre Angst zu Ende denken.
- Zerlegen Sie eine Herausforderung in kleine Schritte und beginnen Sie mit dem ersten Schritt.
- Suchen Sie sich Menschen, die Sie beraten, unterstützen und ermutigen.

Gehen Sie spirituell den Weg der Selbstüberwindung!

- Meditieren Sie das Jesuswort: „Wenn das Weizenkorn nicht in die Erde fällt und stirbt, bleibt es ein einzelnes Korn. Wenn es aber stirbt, bringt es viel Frucht" (Johannes 12,24).
- Bringen Sie Ihren egoistischen Selbsterhaltungstrieb zur Strecke, indem Sie sich herausfordernden Situationen aussetzen und dadurch „tausend Tode sterben".

So überwinden Sie Angst

1. Welche Situationen und Menschen haben in der Vergangenheit zu Recht Ihre Angst geweckt, weil sie schädlich und gefährlich waren? Halten Sie hier zwei oder drei Beispiele fest.

....

....

....

2. Auf welche Situationen und Menschen haben Sie mit Angst reagiert, obwohl Sie stark genug waren, die Herausforderung zu bewältigen?

....

....

....

3. Wo ist es Ihnen schon einmal gelungen, sich gut zu schützen, ohne eine Situation zu vermeiden? (Beispiel: weil Sie zu unzumutbaren Aufgaben Nein gesagt haben, unrealistische Erwartungen enttäuscht, Grenzen gesetzt, sich erfolgreich gewehrt oder gut verhandelt haben?)

....

....

....

....

4. Wie könnten Sie Ihre Fähigkeit, sich zu schützen, weiterentwickeln?

5. Kennen Sie die spirituelle Erfahrung, dass sich Ihre Persönlichkeit erst richtig entfaltet, wenn Sie Ihr Ich loslassen? Halten Sie hier ein oder zwei Beispiele fest. Haben Sie Vorbilder, die Ihnen Selbstüberwindung in guter Weise vorleben?

6. Wie unterscheiden Sie eine spirituell reife Selbstüberwindung von selbstschädigendem Verhalten? (Beispiel: eine Opferrolle oder eine Selbstüberforderung, die ins Burn-out führt?)

 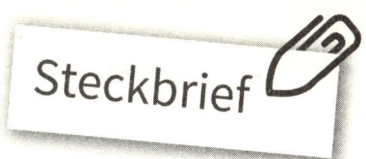

Rächen/Bestrafen

Die Schwäche
- Können Sie unangenehm werden, wenn jemand Sie verletzt oder ungerecht behandelt?
- Reagieren Sie manchmal mit Verweigerung oder gekränktem Rückzug?
- Reden Sie manchmal schlecht über andere oder schmieden Sie gegen unangenehme Menschen Pläne? (Auch in der Fantasie!)

Wunder Punkt
Manche Kinder erleben die Ohnmacht, ungerecht behandelt, beschämt oder beherrscht zu werden.

Schutzmechanismen
Konfliktvermeidung.
Durch Weigerung oder Bestrafung anderer Gerechtigkeit herstellen.

Folgen
Andere leiden unter der Weigerung oder Bestrafung. Manche reagieren darauf autoritär, andere ziehen sich zurück und wieder andere steigen in einen Kreislauf der Vergeltung ein.

Rächen/Bestrafen

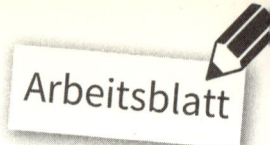

1. Welche der folgenden Verhaltensweisen setzen Sie ein?

- ☐ Manchmal reagiere ich beleidigt.
- ☐ Ich habe anderen schon einmal bewusst eine unangenehme Szene gemacht.
- ☐ Manchmal zahle ich es anderen heim, wenn ich verletzt oder ungerecht behandelt werde.
- ☐ Ab und zu gehe ich in eine Opferrolle, sodass sich ein anderer schlecht oder böse fühlen muss.
- ☐ Manchmal verzögere ich Dinge oder verweigere mich, wenn ich wütend auf jemanden bin.
- ☐ Manchmal reagiere ich jähzornig.
- ☐ Wenn ich mich verletzt fühle, greife ich andere manchmal an.
- ☐ Ich empfinde manchmal Schadenfreude, wenn bestimmten Menschen etwas Unangenehmes zustößt.
- ☐ Manchmal reagiere ich verweigernd oder rebellisch, wenn ich auf Autoritätspersonen treffe.
- ☐ Ich habe schon einmal impulsiv mit Beziehungsabbruch reagiert.

2. Setzen Sie noch andere Verhaltensweisen ein, durch die Sie in einer Weise Gerechtigkeit herstellen, die für andere schmerzhaft ist? Können Sie sie beschreiben?

....

....

....

....

3. Spüren Sie dem wunden Punkt nach, der im Steckbrief beschrieben ist. (Wenn Sie zum Rächen/zum Bestrafen neigen:) In welcher Weise trifft dieser auf Sie zu?

....

....

....

4. In welchen Situationen wird Ihr wunder Punkt aus der Kindheit wieder aktiviert? Was muss passieren, damit Sie Ihren Stachel „Rächen/Bestrafen" ausfahren?

....

....

....

5. Rufen Sie sich zwei oder drei Situationen in Erinnerung, in denen Ihr Stachel „Rächen/Bestrafen" anderen zugesetzt hat. Wie haben Sie diese Situation erlebt? Wie ist es wohl den anderen gegangen?

....

....

....

....

Ohnmacht überwinden

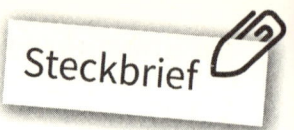

Entdecken Sie Ihren Einfluss!

- Tragen Sie Interessenskonflikte mutig aus.
- Verhandeln Sie, bis ein Kompromiss gefunden ist.
- Vertreten Sie Ihre Interessen ausdauernd.

Lassen Sie los und vergeben Sie!

- Akzeptieren Sie, dass es in dieser Welt Ungerechtigkeit und Machtmissbrauch gibt.
- Vergeben Sie anderen, wenn Sie keine Gerechtigkeit herbeiführen können.

Gehen Sie einen spirituellen Weg der radikalen Akzeptanz!

- Nehmen Sie auch Böses als Teil des Lebens an, wenn Sie es nicht ändern können.
- Üben Sie, Ereignisse nur wahrzunehmen, statt sie zu bewerten. (Beispiel: „Mein Chef bevorzugt Mitarbeiter, die sich anpassen" statt: „Mein Chef ist ein Tyrann, der sich mit Speichelleckern umgibt".)

So überwinden Sie Ohnmacht

Wo sind Sie in letzter Zeit einer offenen Auseinandersetzung ausgewichen? Welche Konflikte sollten Sie in nächster Zeit austragen?

1.

Welche Mittel stehen Ihnen zur Verfügung, um den Konflikt auszutragen? Unterschätzen Sie dabei Ihren Einfluss nicht. Wie könnte ein Kompromiss aussehen? Spielen Sie ein oder zwei Beispiele aus Ihrem Leben durch.

2.

3. Tragen Sie gerade jemandem etwas nach? Wie könnten Sie hier vergeben? (D. h. das Recht auf Wiedergutmachung und Strafe loslassen?) Wie könnten Sie wieder positive Gefühle der betreffenden Person gegenüber entwickeln? (Beispiel: für die Person beten, ihr eine kleine Gefälligkeit erweisen, sich ihre positiven Eigenschaften vor Augen führen.)

....

....

....

....

4. Gehen Sie einen spirituellen Weg der radikalen Akzeptanz. Meditieren Sie das Wort von Hiob, der sein Vermögen, seine Kinder und seine Gesundheit verloren hat: „Haben wir Gutes empfangen von Gott und sollten das Böse nicht auch annehmen?" (Hiob 2,10). Meditieren Sie das Wort Jesu, das er zu Pilatus sagte, bevor dieser die Kreuzigung anordnete: „Du hättest keine Macht über mich, wenn es dir nicht von oben her gegeben wäre" (Johannes 19,10). Halten Sie hier Ihre Gedanken dazu fest.

....

....

....

....

....

....

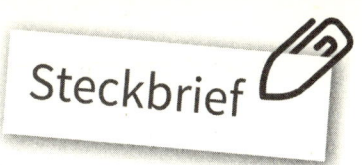

Menschen ohne Stacheln

Die Schwäche
- Streiten Sie fast nie? Ist Ihnen Harmonie und Entspanntsein besonders wichtig?
- Entschuldigen Sie das Verhalten anderer in der Regel?
- Stellen Sie Ihre Gefühle und Bedürfnisse zurück?

Wunder Punkt
Manche Kinder werden entmutigt, weil ihre Gefühle nicht ernst genommen werden. Anderen Kindern werden Zorn und Gegenwehr aberzogen, weil die Eltern ein unkompliziertes Kind wollen (oder für ihr inneres Gleichgewicht brauchen).

Schutzmechanismen
Unkompliziert und zufrieden sein.
Sich auch mit unangenehmen Situationen arrangieren.
Das Verhalten anderer entschuldigen.

Folgen
Anderen fehlt ein Gegenüber, mit dem sie sich auseinandersetzen und an dem sie sich reiben dürfen. Anderen fehlt eine Mitstreiterin/ein Mitstreiter, wenn sie sich einmal gegen Missstände wehren müssen.

Menschen ohne Stacheln

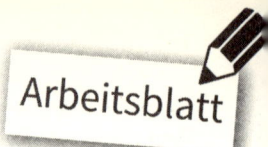

1. Welche der folgenden Verhaltensweisen setzen Sie ein?

- ☐ Ich gerate äußerst selten in Streit oder Konflikte.
- ☐ Ich kann mich gut anpassen.
- ☐ Harmonie und Zufriedenheit sind mir besonders wichtig.
- ☐ Manchmal drängen mich andere, auch einmal meine Meinung zu äußern und Position zu beziehen.
- ☐ Mich stört vieles nicht, was andere stört.
- ☐ In der Regel entschuldige ich das Fehlverhalten anderer Menschen.
- ☐ Ich lasse meine Mitmenschen gewähren, wo sich andere längst wehren würden.
- ☐ Um des Friedens willen stelle ich manchmal meine Interessen zurück.
- ☐ Ich habe mich schon verausgabt oder mir sogar geschadet, weil ich zu lange in einer negativen Situation geblieben bin.
- ☐ Ich beschwichtige, wenn sich andere empören.
- ☐ Ich suche immer eine diplomatische Lösung.

2. Setzen Sie noch andere Verhaltensweisen ein, durch die Sie Spannungen und Disharmonie vermeiden? Können Sie sie beschreiben?

....

....

....

....

....

3. Spüren Sie dem wunden Punkt nach, der im Steckbrief beschrieben ist. (Wenn Sie zu Überanpassung neigen:) In welcher Weise trifft dieser auf Sie zu?

4. In welchen Situationen wird Ihr wunder Punkt aus der Kindheit wieder aktiviert? Was geschieht dann?

5. Rufen Sie sich zwei oder drei Situationen in Erinnerung, in denen anderen Ihre Stärke fehlt. Wie haben Sie diese Situation erlebt? Wie ist es wohl den anderen gegangen?

Werden Sie wehrhaft!

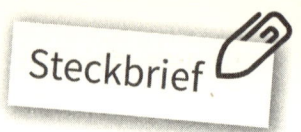

Spüren Sie, was los ist!

- Spüren Sie Ihre Gefühle und nehmen Sie diese ernst.
- Entlarven Sie Ihre selbstbetäubenden Stimmen und Ihre innere Zensur. (Beispiele: „Sei nicht so empfindlich" oder: „Sei nicht so egoistisch".)

Entdecken Sie Ihren sanften Einfluss!

- Führen Sie durch Fragen. (Beispiele: „Denkst du wirklich …?"; „Wo führt das hin, wenn wir weiterhin …")
- Stellen Sie sich anderen in den Weg. (Beispiel: „Das mache ich nicht mit.")
- Sprechen Sie Ihre Überzeugungen aus.

Gehen Sie einen spirituellen Weg zum heiligen Zorn!

- Führen Sie sich vor Augen, was für Sie heilig und absolut schützenswert ist.
- Wo Schützenswertes verletzt ist, lassen Sie einen heiligen Zorn zu.
- Drücken Sie Ihren Zorn mit klaren Worten und Gesten aus.

So werden Sie wehrhaft

Gehen Sie Ihren Gefühlen auf den Grund. Wählen Sie zwei oder drei Situationen der letzten Wochen aus, in denen Sie sich nicht wohlgefühlt haben. Was genau haben Sie gefühlt? (Die Grundgefühle sind: Traurigkeit, Wut, Angst und Abneigung/Ekel.) **1.**

Seien Sie Ihre eigene Anwältin/Ihr eigener Anwalt. Warum waren die Gefühle berechtigt, die Sie in Frage 1 festgestellt haben? **2.**

3. Wo haben Sie schon auf andere Menschen einen sanften Einfluss ausgeübt? Halten Sie zwei oder drei Beispiele fest.

....

....

....

....

4. In welchen Situationen wäre es gut, wenn Sie klarer zu Ihren Überzeugungen stehen würden? Wie könnten Sie das in einer Weise tun, die zu Ihnen passt?

....

....

....

....

5. Wo könnte Sie ein heiliger Zorn überkommen? Wo wird etwas verletzt, das man unbedingt schützen sollte? Wie könnten Sie Ihren berechtigten Zorn ausdrücken?

....

....

....

....

Themenabend

Stachlige Persönlichkeiten

Die Themenabende vertiefen Ihr Verständnis für schwierige Persönlichkeiten. Sie schulen Sie, wie Sie sich in schwierigen Beziehungen verhalten können. Die Erfahrungen und Wahrnehmungen der anderen Teilnehmer helfen Ihnen, Ihren Blick für schwierige Menschen zu schärfen.

Sie müssen die sieben Themen natürlich nicht komplett durchlaufen. Setzen Sie sich eine passende Anzahl von Abenden und wählen zunächst die Typen aus, mit denen Sie als Leiterin oder Leiter am meisten Erfahrung haben. Sie können sich auch daran orientieren, mit welchen Typen die Teilnehmerinnen und Teilnehmer vermutlich am häufigsten konfrontiert waren. Wenn Sie zum Beispiel mehrere Teilnehmer haben, die beruflich in den Medien, in der Werbung oder im Verkauf tätig sind, haben diese sicher schon viele Erfahrungen mit Blendern gemacht. Wenn der Teilnehmerkreis dagegen überwiegend aus sozialen Berufen kommt, können Sie viele Geschichten über Energieräuber hören.

Die Abende werden besonders gewinnbringend, wenn Sie als Leiterin oder Leiter ein mittleres Maß an Struktur vorgeben. Wählen Sie aus den entsprechenden Arbeitsblättern so viele Fragen aus, dass Sie Ihre Teilnehmer durch die wichtigsten Aspekte des Themas geleiten, aber lassen Sie genug Zeit, damit sich ein Gespräch entfalten kann. Lassen Sie lieber ein paar Fragen aus, damit nicht etwa ein Gefühl von Schulunterricht aufkommt. Die Fragen führen das Gespräch zu immer wieder neuen Aspekten des Themas. Dadurch bleibt es nicht allzu lange an Detailfragen hängen.

Manchmal werden Ihre Teilnehmer Grenzfälle einbringen, bei denen man nicht sicher entscheiden kann, ob es sich zum Beispiel um einen Abwerter, einen Rächer oder vielleicht beides handelt. Das geschieht vor allem, wenn die Betroffenen noch nicht allzu viele Erfahrungen mit ihren schwierigen Persönlichkeiten gesammelt haben. Dann schlagen Sie einen pragmatischen Weg vor: „Vielleicht können wir nicht sicher sagen, ob dein Chef ein Abwerter ist oder nicht. Aber lass uns doch gleich einmal schauen, ob die Strategien für Abwerter auch auf deinen Chef passen."

Im Folgenden erhalten Sie Gestaltungshilfen für die einzelnen Abende.

Tipps für den Einstieg

Hier können Sie ein persönliches Erlebnis mit dem Typen erzählen, der am jeweiligen Abend Thema ist. Sie können auch ein Fallbeispiel aus dem Buch „Stachlige Persönlichkeiten" vorstellen. Alternativ könnten Sie auch offenbaren, wo Sie sich selbst einmal grenzüberschreitend, rächend usw. verhalten haben. Außerdem eignen sich Beispiele aus Literatur, Film oder Theater, wie zum Beispiel Michael Kohlhaas (von Heinrich von Kleist) als Prototyp für einen Rächer.

Tipps für den Abschluss

Wenn Sie ein gutes Gedächtnis haben, können Sie das Gespräch zusammenfassen und die offen gebliebenen Fragen zum weiteren Nachdenken nennen. Sie können auch einfach eine tiefgründige oder pointierte Bemerkung einer Teilnehmerin oder eines Teilnehmers zum Schlusswort erklären. Wenn noch ein wenig Zeit ist, kann auch jeder Teilnehmer den Gedanken nennen, der ihm an diesem Abend am wertvollsten war. Außerdem könnte eine Gebetsrunde Gottes Hilfe für herausfordernde Beziehungen erbitten.

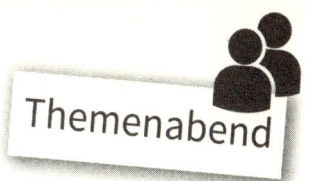

Umgang mit Grenzüberschreitern

Einstieg

Hauptteil

Studieren Sie gemeinsam den Steckbrief über Grenzüberschreiter (Seite 15).

- Welche eigenen Beispiele fallen den Teilnehmern ein?
- Welche konkreten Probleme gab es?
- Wie haben die Teilnehmer reagiert?

Grenzüberschreiter kann man mit Energieräubern verwechseln, die zum Beispiel häufig anrufen oder viele Fragen stellen. Doch die machen einem ein schlechtes Gewissen, wenn man eine Grenze setzt. Sie steigen nicht in Diskussionen und Machtkämpfe ein.

Studieren Sie gemeinsam den Steckbrief „Wie Sie Grenzüberschreiter befrieden" (Seite 18). Wie könnten Sie die Strategien auf Beispiele aus der Runde anwenden? Bei der Gesprächsführung können Sie sich an den Fragen des Arbeitsblattes „Grenzüberschreiter befrieden" (Seite 19/20) orientieren.

Die Konfrontation mit Grenzüberschreitern führt zu der Frage, ob wir auch einmal die Böse oder der Böse sein dürfen. Denn so fühlt man sich, wenn man Grenzüberschreiter befriedet und dabei sehr bestimmt auftreten muss. Eine Diskussion könnte sich daher so polarisieren:

> „Lieber gebe ich meine Rechte auf, als dass ich mich zu einem Kampf zwingen lasse."

> „Wenn sich ein anderer massiv danebenbenimmt, ist mir fast jedes Mittel recht, um mich durchzusetzen."

Lassen Sie eine solche Diskussion ruhig ein wenig aufkommen. Wenn es zu hitzig wird, lenken Sie das Gespräch wieder auf konkrete Beispiele der Teilnehmerinnen und Teilnehmer zurück.

Abschluss

Umgang mit Blendern

Einstieg

Hauptteil

Studieren Sie gemeinsam den Steckbrief über Blender (Seite 21).

- Welche eigenen Beispiele fallen den Teilnehmern ein?
- Welche konkreten Probleme gab es?
- Wie haben die Teilnehmer reagiert?

Blender könnte man allenfalls mit Abwertern verwechseln, die auch eine hohe Meinung von sich haben. Abwerter sind aber kompetent und einsatzbereit. Große Enttäuschungen erlebt man mit Ihnen in aller Regel nicht.

Studieren Sie gemeinsam den Steckbrief „Wie Sie Blender entzaubern" (Seite 24). Wie könnten Sie die Strategien auf Beispiele aus der Runde anwenden? Bei der Gesprächsführung können Sie sich an den Fragen des Arbeitsblattes „Blender entzaubern" (Seite 25/26) orientieren.

Blender sind faszinierende Menschen, sie können einen auch im Gespräch in ihren Bann ziehen. Lenken Sie daher das Gespräch immer einmal wieder vom Blender weg zu den Teilnehmern: zu ihren Sehnsüchten, an die der Blender anknüpft, zu ihren Reaktionen auf den Blender und zu ihren Möglichkeiten, sich unabhängig zu machen.

Die Konfrontation mit Blendern führt zu der Frage, wie wir mit Täuschung umgehen und wie verführbar wir sind. Ein Gespräch kann sich auf folgende Weise polarisieren:

„Wer andere täuscht, muss entlarvt und ausgeschlossen werden."

„Wir sind doch alle Blender und machen uns und anderen etwas vor."

Wenn der Austausch über diese Grundfrage zur Diskussion wird, lenken Sie das Gespräch lieber wieder auf konkrete Beispiele der Teilnehmer.

Abschluss

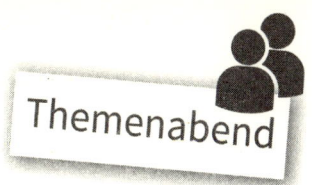

Umgang mit Energieräubern

Einstieg

Hauptteil

Studieren Sie gemeinsam den Steckbrief über Energieräuber (Seite 27).

- Welche eigenen Beispiele fallen den Teilnehmern ein?
- Welche konkreten Probleme gab es?
- Wie haben die Teilnehmer reagiert?

Energieräuber könnte man mit Grenzüberschreitern verwechseln, die zum Beispiel auch viel reden und andere für ihre Ziele einspannen. Grenzüberschreiter sind aber alles andere als hilflos und überfordert, sie kämpfen in übertriebener Weise um ihre vermeintlichen Rechte.

Studieren Sie gemeinsam den Steckbrief „Wie Sie Energieräuber maßvoll unterstützen" (Seite 30). Wie könnten Sie die Strategien auf Beispiele aus der Runde anwenden? Bei der Gesprächsführung orientieren Sie sich an den Fragen des Arbeitsblattes „Energieräuber maßvoll unterstützen" (Seite 31/32).

Die Konfrontation mit einem Energieräuber stellt uns vor die Grundfrage: Wie sozial sollten wir sein? Ein Gespräch könnte sich zu folgenden Positionen polarisieren:

> „Jeder ist für sich selbst verantwortlich."

> „Wahre Liebe opfert sich auf."

Wenn ein Gespräch darüber zustande kommt, können Sie es eine Weile zulassen, bis sich die Grundfrage des Themas zeigt. Sobald es aber zu einer Diskussion wird, lenken Sie das Gespräch lieber auf konkrete Begegnungen mit Energieräubern zurück.

Abschluss

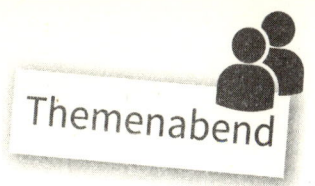

Themenabend

Umgang mit Einschüchterern

Einstieg

Hauptteil

Studieren Sie gemeinsam den Steckbrief über Einschüchterer (Seite 33).

- Welche eigenen Beispiele fallen den Teilnehmern ein?
- Welche konkreten Probleme gab es?
- Wie haben die Teilnehmer reagiert?

Hier gibt es kaum Verwechslungsmöglichkeiten: Grenzüberschreiter versuchen, für andere zu entscheiden, Einschüchterer dagegen treten so auf, dass andere freiwillig nachgeben. Auch Rächer üben Macht aus, aber sie tun es heimlich, zum Beispiel über schlechtes Reden oder Blockieren. Einschüchterer dagegen üben ihre Macht offen und demonstrativ aus.

Studieren Sie gemeinsam den Steckbrief „Wie Sie Einschüchterern standhalten" (Seite 36). Wie könnten Sie die Strategien auf Beispiele aus der Runde anwenden? Bei der Gesprächsführung können Sie sich an den Fragen des Arbeitsblattes „Einschüchterern standhalten" (Seite 37/38)orientieren.

Die Konfrontation mit Einschüchterern führt uns zur Grundfrage, wie wir mit Macht umgehen. Ein Gespräch darüber kann sich zu folgenden Standpunkten polarisieren:

> „Wer sich nicht gegen ungerechte Machtausübung wehrt, ist ein Feigling."

> „Ein kluger Mensch legt sich niemals mit Mächtigen an."

Auch diese Diskussion können Sie eine Weile zulassen, bis die Grundfrage deutlich geworden ist. Für Lösungen wenden Sie sich aber besser wieder konkreten Beispielen der Teilnehmer zu.

Abschluss

Umgang mit Abwertern

Einstieg

Hauptteil

Studieren Sie gemeinsam den Steckbrief über Abwerter (Seite 39).

- Welche eigenen Beispiele fallen den Teilnehmern ein?
- Welche konkreten Probleme gab es?
- Wie haben die Teilnehmer reagiert?

Abwerter könnte man mit Rächern oder Blendern verwechseln. Rächer reden auch Negatives über andere oder sagen bewusst etwas Verletzendes. Aber bei ihnen hat man nicht das Gefühl, dass sie über einem stehen. Ihre Attacken greifen nicht das Selbstwertgefühl an, sie fühlen sich gemein und aggressiv an. Blender verkaufen sich oft so toll, dass man sich in ihrer Nähe minderwertig fühlt. Aber sie werten andere nicht ab, im Gegenteil, meist schmeicheln sie anderen.

Studieren Sie gemeinsam den Steckbrief „Wie Sie Abwertern den Stachel ziehen" (Seite 42). Wie könnten Sie die Strategien auf Beispiele aus der Runde anwenden? Bei der Gesprächsführung können Sie sich an den Fragen des Arbeitsblattes „Abwertern den Stachel ziehen" (Seite 43/44) orientieren.

Die Konfrontation mit Abwertern führt zu der Frage, ob wir unser Ansehen verteidigen, wenn uns einer schlechtmacht. Die Pole dieses Themas lauten:

> „Es ist egal, was andere von mir denken."

> „Niemand darf mein Ansehen in den Schmutz ziehen."

In einer Diskussion dürfen diese Gegensätze zutage treten, irgendwann ist es aber ergiebiger, von der prinzipiellen Ebene wieder zurück zu konkreten Beispielen zu kommen.

Abschluss

Umgang mit Vermeidern

Einstieg

Hauptteil

Studieren Sie gemeinsam den Steckbrief über Vermeider (Seite 45).

- Welche eigenen Beispiele fallen den Teilnehmern ein?
- Welche konkreten Probleme gab es?
- Wie haben die Teilnehmer reagiert?

Vermeider könnte man mit Blendern verwechseln, die Aufgaben aus dem Weg gehen, bei denen sie Misserfolge fürchten oder die ihnen schlicht zu langweilig sind. Vermeider werden aber unsicher, stapeln lieber tief und wecken keine hohen Erwartungen. Blender sind in dieser Hinsicht das glatte Gegenteil.

Studieren Sie gemeinsam den Steckbrief „Wie Sie Vermeider motivieren" (Seite 48). Wie könnten Sie die Strategien auf Beispiele aus der Runde anwenden? Bei der Gesprächsführung können Sie sich an den Fragen des Arbeitsblattes „Vermeider motivieren" (Seite 49/50) orientieren.

Die Konfrontation mit Vermeidern führt zu der Grundfrage, ob man in Beziehungen auch einmal die Zähne zeigen muss. Ein Gespräch könnte sich hier so polarisieren:

> „Manchen Menschen muss man einfach die Pistole auf die Brust setzen."

> „Man darf andere auf keinen Fall unter Druck setzen."

Geben Sie dieser Diskussion ruhig ein wenig Raum, bis die Weite der Reaktionsmöglichkeiten sichtbar wird, führen Sie dann das Gespräch aber wieder auf konkrete Erfahrungen mit Vermeidern zurück.

Abschluss

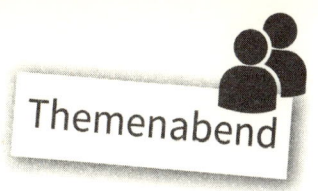

Umgang mit Rächern

Einstieg

Hauptteil

Studieren Sie gemeinsam den Steckbrief über Rächer (Seite 51).

- Welche eigenen Beispiele fallen den Teilnehmern ein?
- Welche konkreten Probleme gab es?
- Wie haben die Teilnehmer reagiert?

Rächer kann man kaum mit anderen schwierigen Persönlichkeiten verwechseln. Denn Grenzüberschreiter, Abwerter und Einschüchterer verhalten sich zwar auch einmal aggressiv und können die wunden Punkte anderer treffen, sie alle tun es aber offen und unverfroren, während für Rächer die verdeckte Aggression typisch ist.

Studieren Sie gemeinsam den Steckbrief „Wie Sie Rächer entwaffnen" (Seite 54). Wie könnten Sie die Strategien auf Beispiele aus der Runde anwenden? Bei der Gesprächsführung können Sie sich an den Fragen des Arbeitsblattes „Rächer entwaffnen" (Seite 55/56) orientieren.

Die Konfrontation mit einem Rächer führt zu der Frage, wie wir selbst mit Ohnmacht und Ungerechtigkeit umgehen. Das Gespräch könnte sich zu folgenden Haltungen polarisieren:

> „Für den Kampf um Gerechtigkeit ist kein Preis zu hoch."

> „Wer Ungerechtigkeiten einfach hinnimmt und vergibt, kommt leichter durchs Leben."

Diese Grundsatzfrage kann das Thema vertiefen und ihm einen existenziellen Rahmen geben, bevor dies aber zu einer grundsätzlichen Diskussion wird, leitet man das Gespräch lieber wieder zu konkreten Beispielen mit Rächern über.

Abschluss

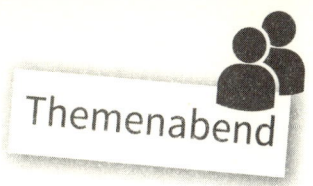

Themenabend

Meine Stacheln

Die Themenabende laden auf eine Entdeckungsreise zu Ihren Schwächen ein und zu den Lebensthemen, die sich hinter den Schwächen verbergen. Beim Thema „Meine Stacheln" wäre es vorteilhaft, alle acht Einheiten zu durchlaufen. Dann wird jede Teilnehmerin/jeder Teilnehmer auch dort Anregungen finden, wo es für die eigene Entwicklung den größten Gewinn bringt.

Wenn nur eine begrenzte Anzahl von Abenden zur Verfügung steht, empfiehlt es sich, mit den allgemeineren Schwächen zu beginnen, die vermutlich die meisten Teilnehmer betreffen, und speziellere auszulassen. Hier schlage ich Ihnen eine Liste vor, die Sie von hinten „abschneiden" können, sodass die passende Anzahl an Abenden übrig bleibt:

1. Freiheit gewinnen (Stachel „Grenzen überschreiten" – Seite 127)
2. Authentisch sein (Stachel „Blenden" – Seite 128)
3. Unvollkommenheit akzeptieren (Stachel „Abwerten" – Seite 131)
4. Angst überwinden (Stachel „Vermeiden" – Seite 132)
5. Ohnmacht überwinden (Stachel „Rächen" – Seite 133)
6. Das Leben vereinfachen (Stachel „Energie rauben" – Seite 129)
7. Sich selbst entwaffnen (Stachel „Einschüchtern" – Seite 130)
8. Werden Sie wehrhaft! (Menschen ohne Stacheln – Seite 134)

Die Abende werden besonders gewinnbringend, wenn Sie als Leiterin oder Leiter ein mittleres Maß an Struktur vorgeben. Wählen Sie aus den entsprechenden Arbeitsblättern so viele Fragen aus, dass Sie Ihre Teilnehmer durch die wichtigsten Aspekte des Themas geleiten, aber lassen Sie genug Zeit, damit sich ein Gespräch entfalten kann. Lassen Sie lieber ein paar Fragen aus, damit nicht etwa ein Gefühl von Schulunterricht aufkommt. Die Fragen führen das Gespräch zu immer wieder neuen Aspekten des Themas. Dadurch bleibt es nicht allzu lange an Detailfragen hängen.

Vermutlich werden Sie an den Abenden auf ein Phänomen treffen, das in der psychologischen Fachsprache „Widerstand" genannt wird: Auf einen Teilnehmer trifft eine Schwäche ganz offensichtlich zu, dieser weigert sich aber, das einzusehen oder zuzugeben. Wir schützen uns durch unbewusste Mechanismen vor unangenehmen Einsichten. Bitte respektieren Sie diesen Widerstand und achten Sie auch darauf, dass sich keine konfrontative Gruppendynamik entwickelt. Jeder hat das Recht, sich im eigenen Tempo einer Selbsterkenntnis zu öffnen oder sich eben auch zu verschließen, wenn eine Einsicht noch zu bedrohlich ist. Für alle Themenabende nenne ich im Folgenden auch die Grundthemen, die hinter einer Schwäche stehen. Über die kann auch allgemeiner und unverfänglicher sprechen, wer noch nichts Persönliches von sich preisgeben will.

Hier stelle ich Ihnen wieder Anregungen zur Verfügung, mit denen Sie den Einstieg und den Abschluss der jeweiligen Abende gestalten können.

Tipps für den Einstieg
Hier könnten Sie offenbaren, wo Sie sich selbst einmal grenzüberschreitend, rächend usw. verhalten haben. Sie können auch ein Fallbeispiel aus dem Buch „Meine Stacheln" vorstellen. Ab dem zweiten Abend besteht auch die Möglichkeit, Gedanken aus dem Abend zuvor aufzugreifen und von da aus zum neuen Thema überzuleiten.

Tipps für den Abschluss
Wenn Sie ein gutes Gedächtnis haben, können Sie das Gespräch zusammenfassen und die offengebliebenen Fragen zum weiteren Nachdenken nennen. Sie können auch einfach eine tiefgründige oder pointierte Bemerkung einer Teilnehmerin oder eines Teilnehmers zum Schlusswort erklären. Wenn noch ein wenig Zeit ist, kann auch jeder Teilnehmer den Gedanken nennen, der ihm an diesem Abend am wertvollsten war. Außerdem könnte eine Gebetsrunde Gottes Hilfe für herausfordernde Beziehungen erbitten.

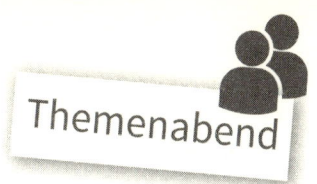

Freiheit gewinnen
(Stachel „Grenzen überschreiten")

Einstieg

Hauptteil

Studieren Sie den Steckbrief „Grenzen überschreiten" (Seite 61). Fragen Sie, ob die Teilnehmer auch schon Grenzen überschritten haben. Wenn die Teilnehmer hier noch keine persönlichen Beispiele finden, können Sie auch weitere Fragen von dem Arbeitsblatt „Grenzen überschreiten" (Seite 62/63) vorlesen. Lassen Sie die Teilnehmer analysieren, worin eigentlich das Problem von Grenzüberschreitungen liegt: „Ist es überhaupt ein Problem, wenn wir gelegentlich Grenzen überschreiten?"

Studieren Sie den Steckbrief „Freiheit gewinnen" (Seite 64). Hinter den Empfehlungen steht das Lebensthema:

- Worin besteht die persönliche Freiheit?
- Wie können wir andere gewinnen?
- Wo müssen wir loslassen und andere ihren eigenen Weg gehen lassen?

Dieses Lebensthema betrifft alle, auch diejenigen, die nicht zu Grenzüberschreitungen neigen.

Diskutieren Sie die einzelnen Empfehlungen des Steckbriefs. Die Teilnehmer/innen sollen einen Gedankenanstoß zu ihren persönlichen Fragen bekommen, eine abschließende Lösung muss die Gesprächsrunde aber nicht finden.

Abschluss

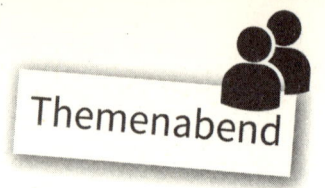

Authentisch sein
(Stachel „Blenden")

Einstieg

Hauptteil

Studieren Sie den Steckbrief „Blenden/Selbstdarstellung" (Seite 67). Fragen Sie, ob sich die Teilnehmer auch schon einmal zu gut verkauft haben. Wenn die Teilnehmer hier noch keine persönlichen Beispiele finden, können Sie auch weitere Fragen von dem Arbeitsblatt „Blenden/Selbstdarstellung" (Seite 68/69) vorlesen. Lassen Sie die Teilnehmer analysieren, worin eigentlich das Problem von Selbstdarstellung liegt: „Ist es überhaupt ein Problem, wenn wir ein gutes Bild von uns zeigen?"

Studieren Sie den Steckbrief „Authentisch sein" (Seite 70). Hinter den Empfehlungen steht das Lebensthema:

- Darf ich „ich selbst" sein?
- Ist die Wertschätzung und Liebe anderer an Bedingungen geknüpft?

Dieses Lebensthema betrifft alle, auch diejenigen, die nicht zu Selbstdarstellung neigen.
Diskutieren Sie die einzelnen Empfehlungen des Steckbriefs. Die Teilnehmer/innen sollen einen Gedankenanstoß zu ihren persönlichen Fragen bekommen, eine abschließende Lösung muss die Gesprächsrunde aber nicht finden.

Abschluss

Das Leben vereinfachen
(Stachel „Energie rauben")

Einstieg

Hauptteil

Studieren Sie den Steckbrief „Energie rauben/Selbstüberforderung" (Seite 73). Fragen Sie, ob sich die Teilnehmer auch schon einmal überfordert und damit andere belastet haben. Wenn die Teilnehmer hier noch keine persönlichen Beispiele finden, können Sie auch weitere Fragen von dem Arbeitsblatt „Energie rauben/Selbstüberforderung" (Seite 74/75) vorlesen. Lassen Sie die Teilnehmer analysieren, worin das Problem von Selbstüberforderung liegt: „Ist es überhaupt ein Problem, wenn wir uns selbst gelegentlich überfordern?"

Studieren Sie den Steckbrief „Das Leben vereinfachen" (Seite 76). Hinter den Empfehlungen steht das Lebensthema:

- Was ist wirklich wesentlich?
- Wie kann ich mich vor einem Zuviel und vor Selbstüberforderung schützen?

Dieses Lebensthema betrifft alle, auch diejenigen, die nicht zu Selbstüberforderung neigen.
Diskutieren Sie die einzelnen Empfehlungen des Steckbriefs. Die Teilnehmer/innen sollen einen Gedankenanstoß zu ihren persönlichen Fragen bekommen, eine abschließende Lösung muss die Gesprächsrunde aber nicht finden.

Abschluss

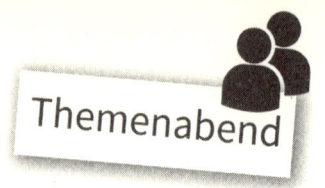

Sich selbst entwaffnen
(Stachel „Einschüchtern")

Einstieg

Hauptteil

Studieren Sie den Steckbrief „Einschüchtern" (Seite 79). Fragen Sie, ob die Teilnehmer andere auch schon eingeschüchtert haben. Wenn die Teilnehmer hier noch keine persönlichen Beispiele finden, können Sie auch weitere Fragen von dem Arbeitsblatt „Einschüchtern" (Seite 80/81) vorlesen. Lassen Sie die Teilnehmer analysieren, worin eigentlich das Problem von Einschüchterung liegt: „Ist es überhaupt ein Problem, wenn wir anderen gelegentlich Respekt einflößen?"

Studieren Sie den Steckbrief „Sich selbst entwaffnen" (Seite 82). Hinter den Empfehlungen steht das Lebensthema:

- Wie viel Macht darf ich ausüben?
- Was ist gute Machtausübung, was Machtmissbrauch?

Dieses Lebensthema betrifft alle, auch diejenigen, die nicht zum Einschüchtern neigen.
Diskutieren Sie die einzelnen Empfehlungen des Steckbriefs. Die Teilnehmer/innen sollen einen Gedankenanstoß zu ihren persönlichen Fragen bekommen, eine abschließende Lösung muss die Gesprächsrunde aber nicht finden.

Abschluss

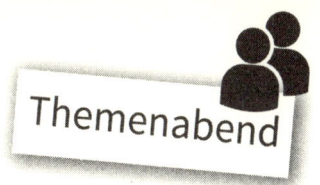

Unvollkommenheit akzeptieren
(Stachel „Abwerten")

Einstieg

Hauptteil

Studieren Sie den Steckbrief „Abwerten" (Seite 85). Fragen Sie, ob die Teilnehmer andere auch schon einmal zu negativ bewertet haben. Wenn die Teilnehmer hier noch keine persönlichen Beispiele finden, können Sie auch weitere Fragen von dem Arbeitsblatt „Abwerten" (Seite 86/87) vorlesen. Lassen Sie die Teilnehmer analysieren, worin eigentlich das Problem von Abwertung liegt: „Ist es überhaupt ein Problem, wenn wir sehr kritische Urteile aussprechen?"

Studieren Sie den Steckbrief „Unvollkommenheit akzeptieren" (Seite 88). Hinter den Empfehlungen steht das Lebensthema:

- Wie gehe ich mit der Unvollkommenheit anderer um?
- Wie kommen wir damit klar, wenn wir unter den Fehlern und Mängeln eines anderen leiden?

Dieses Lebensthema betrifft alle, auch diejenigen, die nicht zu Abwertungen neigen.
Diskutieren Sie die einzelnen Empfehlungen des Steckbriefs. Die Teilnehmer/innen sollen einen Gedankenanstoß zu ihren persönlichen Fragen bekommen, eine abschließende Lösung muss die Gesprächsrunde aber nicht finden.

Abschluss

Angst überwinden
(Stachel „Vermeiden")

Einstieg

Hauptteil

Studieren Sie den Steckbrief „Vermeiden" (Seite 91). Fragen Sie, ob sich die Teilnehmer auch schon unangenehmen Aufgaben oder Konflikten entzogen haben. Wenn die Teilnehmer hier noch keine persönlichen Beispiele finden, können Sie auch weitere Fragen von dem Arbeitsblatt „Vermeiden" (Seite 92/93) vorlesen. Lassen Sie die Teilnehmer analysieren, worin eigentlich das Problem von Vermeidung liegt: „Ist es überhaupt ein Problem, wenn wir unangenehmen Dingen aus dem Weg gehen?"

Studieren Sie den Steckbrief „Angst überwinden" (Seite 94). Hinter den Empfehlungen steht das Lebensthema:

- Wo verläuft die Grenze zwischen Vorsicht und Feigheit?
- Wie können wir lernen, unsere Ängste zu überwinden?

Dieses Lebensthema betrifft alle, auch diejenigen, die nicht zu Vermeidung neigen.

Diskutieren Sie die einzelnen Empfehlungen des Steckbriefs. Die Teilnehmer/innen sollen einen Gedankenanstoß zu ihren persönlichen Fragen bekommen, eine abschließende Lösung muss die Gesprächsrunde aber nicht finden.

Abschluss

Ohnmacht überwinden
(Stachel „Rächen")

Einstieg

Hauptteil

Studieren Sie den Steckbrief „Rächen/Bestrafen" (Seite 97). Fragen Sie, ob die Teilnehmer andere auch schon einmal bestraft haben. Wenn die Teilnehmer hier noch keine persönlichen Beispiele finden, können Sie auch weitere Fragen von dem Arbeitsblatt „Rächen/Bestrafen" (Seite 98/99) vorlesen. Lassen Sie die Teilnehmer analysieren, worin eigentlich das Problem von Rache/Bestrafung liegt: Ist es überhaupt ein Problem, wenn wir andere spüren lassen, dass sie uns nicht richtig behandelt haben?

Studieren Sie den Steckbrief „Ohnmacht überwinden" (Seite 100). Hinter den Empfehlungen steht das Lebensthema:

- Wie gehen wir mit Ungerechtigkeiten um?
- Wann lohnt sich ein Kampf um Gerechtigkeit?
- Wann sollten wir lieber loslassen?

Dieses Lebensthema betrifft alle, auch diejenigen, die nicht zur Rache oder Bestrafung neigen.

Diskutieren Sie die einzelnen Empfehlungen des Steckbriefs. Die Teilnehmer/innen sollen einen Gedankenanstoß zu ihren persönlichen Fragen bekommen, eine abschließende Lösung muss die Gesprächsrunde aber nicht finden.

Abschluss

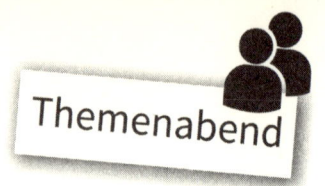

Werden Sie wehrhaft!
(Menschen ohne Stacheln)

Einstieg

Hauptteil

Studieren Sie den Steckbrief „Menschen ohne Stacheln" (Seite 103). Fragen Sie, ob die Teilnehmer auch schon einmal in übertriebener Weise die Harmonie gewahrt haben. Wenn die Teilnehmer hier noch keine persönlichen Beispiele finden, können Sie auch weitere Fragen von dem Arbeitsblatt „Menschen ohne Stacheln" (Seite 104/105) vorlesen. Lassen Sie die Teilnehmer analysieren, worin eigentlich das Problem von übertriebener Unkompliziertheit liegt: „Ist es überhaupt ein Problem, wenn wir unkompliziert und angepasst sind?"

Studieren Sie den Steckbrief „Werden Sie wehhaft!" (Seite 106). Hinter den Empfehlungen steht das Lebensthema:

- Wo sollten wir uns wehren und gegen Missstände die Stimme erheben?
- Wo muss man sich anderen auch einmal in den Weg stellen, auch wenn dies Spannungen erzeugt?

Dieses Lebensthema betrifft alle, auch diejenigen, die nicht zu übertriebener Anpassung neigen.

Diskutieren Sie die einzelnen Empfehlungen. Die Teilnehmer/innen sollen einen Gedankenanstoß zu ihren persönlichen Fragen bekommen, eine abschließende Lösung muss die Gesprächsrunde aber nicht finden.

Abschluss

Mit schwierigen Menschen umgehen

7 Einheiten für Hauskreisabende

Schwierige Menschen stellen die christliche Liebe auf den Prüfstand. Man glaubt zu wissen, was richtig ist, und merkt, wie schwer es in der Praxis sein kann, christliche Liebe zu üben. Die sieben Einheiten bereiten Sie auf den Ernstfall vor.

In jeder Einheit erhalten die Teilnehmer die Möglichkeit, einen bestimmten Typ schwieriger Menschen besser zu verstehen. Die Teilnehmer reflektieren ihren eigenen Umgang mit diesem. Jede Einheit stellt einen Bibeltext in den Vordergrund, in welchem Jesus einem schwierigen Menschen begegnet. Die Person, mit der es Jesus zu tun hat, wird einem der Typen des Buches zugeordnet, zum Beispiel der reiche Jüngling den Blendern. Mit dieser Zuordnung ist vielleicht nicht jeder Hauskreisteilnehmer einverstanden. Man kann sie auch nicht mit letzter Sicherheit vornehmen, dazu wissen wir nicht genug über die entsprechende Person. Eine Diskussion darüber führt daher nicht unbedingt weiter. Stattdessen kann man sich folgenden Leitfragen zuwenden:

- Wie begegnet Jesus einem Menschen, der ein schwieriges Verhalten zeigt?
- Wie durchschaut Jesu Liebe den Menschen?
- Wie handelt Jesus?
- Was bewirkt er damit?

Die Gesprächsführung lenkt dabei immer wieder auf das Besondere der jeweiligen schwierigen Menschen. Jeder hat zum Beispiel schon mit Blendern Erfahrungen gemacht, also mit Menschen, die mehr darstellen oder versprechen, als sie schließlich einhalten können. Beim

Abend über Blender sollte dieser Aspekt im Vordergrund stehen. Genauso hat jede Begegnung Jesu mit einem Menschen ihren ganz eigenen Charakter, dem man nachspüren und von dem man jeweils etwas ganz Besonderes lernen kann.

Die folgenden Einheiten schließen Ihnen sieben Begegnungen auf, in denen Jesus auf schwierige Verhaltensweisen reagiert. Sie finden eine Anleitung für die Gesprächsführung. An die folgenden Anregungen können Sie an allen Abenden anknüpfen.

Tipps für den Einstieg
Hier können Sie ein persönliches Erlebnis mit dem Typen erzählen, der am jeweiligen Abend Thema ist. Sie können auch ein Fallbeispiel aus dem Buch „Stachlige Persönlichkeiten" vorstellen. Alternativ könnten Sie auch offenbaren, wo Sie sich selbst einmal grenzüberschreitend, rächend usw. verhalten haben. Außerdem eignen sich Beispiele aus Literatur, Film oder Theater, wie zum Beispiel Michael Kohlhaas (von Heinrich von Kleist) als Prototyp für einen Rächer.

Tipps für den Abschluss
Wenn Sie ein gutes Gedächtnis haben, können Sie das Gespräch zusammenfassen und die offengebliebenen Fragen zum weiteren Nachdenken nennen. Sie können auch einfach eine tiefgründige oder pointierte Bemerkung einer Teilnehmerin oder eines Teilnehmers zum Schlusswort erklären. Wenn noch ein wenig Zeit ist, kann auch jeder Teilnehmer den Gedanken nennen, der ihm an diesem Abend am wertvollsten war. Wenn die Teilnehmer viele persönliche Beispiele berichtet haben, kann auch eine Gebetsrunde Gottes Hilfe für herausfordernde Beziehungen erbitten.

Jesus begrenzt einen Grenzüberschreiter

Ein Diener des obersten Priesters überschreitet seine Kompetenzen. Er schlägt Jesus, weil der eine Frage nicht beantwortet. Das steht dem Diener nicht zu. Er hält sich nicht an die Regeln der religiösen Rechtsabläufe. Er zwingt Jesus seine eigenen Vorstellungen auf und tut so, als könnte er über ihn verfügen. Deshalb habe ich den Diener den Grenzüberschreitern zugeordnet. Der Evangelist Johannes berichtet, wie Jesus damit umgeht.

Einstieg

Hintergrund
Die Leiterin/der Leiter des Abends stellt den Steckbrief „Grenzüberschreiter" (Seite 15) vor oder die Teilnehmer/innen lesen ihn gemeinsam. Vermutlich haben die Teilnehmer auch schon Erfahrungen mit Grenzüberschreitern gemacht. Nach einem kurzen Austausch leitet die Leiterin/der Leiter zum Bibeltext über.

Bibeltext
Joh 18,19-23

Bibelgespräch
- Was geht wohl in dem Diener des obersten Priesters vor? Wie erlebt er die Situation? Wie rechtfertigt er wohl sein Verhalten?
- Jesus entscheidet sich für ein konfrontatives Vorgehen. Welche Alternativen hätte er gehabt? Wieso hat Jesus nicht anders gehandelt?

- Wie erlebt Jesus wohl die Situation? Worum geht es ihm in seiner Reaktion, was die Öffentlichkeit angeht? Worum geht es ihm, was den Diener angeht?
- Welche Wirkung hat das Verhalten Jesu?
- Jesus hat in Mt 5,39 gelehrt: „Wenn dich jemand auf die rechte Backe schlägt, dem biete auch die andere dar." Warum hat er es hier nicht praktiziert?
- Was können wir von Jesu Verhalten lernen?

Anwendung

Jesus benennt das grenzüberschreitende Verhalten des Dieners. Er zeigt auf, dass sich dieser ins Unrecht setzt. Jesus richtet damit eine Grenze auf und verteidigt diese. Damit gibt er dem Diener die Chance zu einer Selbstkorrektur. Außerdem stellt Jesus die Ordnung wieder her.

Indem Jesus auf ungutes Verhalten hinweist, hilft er, das Unrecht als solches zu erkennen. Er lässt nicht zu, dass Grenzen so verrückt werden, dass Recht und Unrecht am Ende nicht mehr zu unterscheiden sind. Gleichzeitig geht Jesus respektvoll mit dem Diener um und spricht ihn beinahe auf Augenhöhe an – wie jemanden, dessen Urteil er ernst nimmt und der es wert ist, dass man sich mit ihm auseinandersetzt. Damit zeigt Jesus Verhaltensweisen, die auch im Umgang mit Grenzüberschreitern wesentlich sind.

Im Anwendungsteil werden die Erfahrungen von Hauskreisteilnehmern mit Grenzüberschreitern aufgenommen. Wie könnten sie eine schwierige Situation mit einem Grenzüberschreiter gestalten, wenn man den psychologischen Hintergrund als Hilfe nimmt? (Vergleiche den Steckbrief „Wie Sie Grenzüberschreiter befrieden", Seite 18.) Wie, wenn man sich vom Verhalten Jesu inspirieren lässt?

Falls von den Teilnehmern keine konkrete Situation genannt wird, kann man ein typisches Beispiel heranziehen: „Ein Freund oder eine Freundin will über dich bestimmen. Er/sie macht dich ständig auf deine Schwächen aufmerksam und sagt dir, wie du dich verändern sollst. Wie reagierst du?"

Abschluss

Jesus fordert einen Blender heraus

Der reiche Jüngling zeigt gegenüber Jesus ein verwegenes Selbstbewusstsein. Er möchte wissen, was er Gutes tun soll, um das ewige Leben zu finden. Jesus verweist ihn auf das Liebesgebot und auf einige der Zehn Gebote. Darauf erwidert der Mann: „Das habe ich alles gehalten." Vermutlich hat der reiche Jüngling ein anständiges Leben geführt, aber hat er wirklich das Liebesgebot und die Zehn Gebote vollständig erfüllt? Das offenbart eine Selbstüberschätzung. Doch damit nicht genug. Der Jüngling sieht in sich das Potenzial, darüber noch hinauszuwachsen. Eine Aufforderung Jesu bringt den Abgehobenen zurück auf die Erde.

Einstieg

Hintergrund
Die Leiterin/der Leiter des Abends stellt den Steckbrief „Blender" (Seite 21) vor oder die Teilnehmer/innen lesen ihn gemeinsam. Vermutlich haben die Teilnehmer auch schon Erfahrungen mit Blendern gemacht. Nach einem kurzen Austausch leitet die Leiterin/der Leiter zum Bibeltext über.

Bibeltext
Mt 19,16-26

Bibelgespräch
- Was erwartet der junge Mann wohl von Jesus?
- Was sieht Jesus wohl in dem jungen Mann?

- Warum geht Jesus gestuft vor – zuerst die allgemein gültige Aufforderung der Gebote, dann erst die außergewöhnliche Aufforderung zur Nachfolge?
- Worauf zielt Jesus mit seiner Reaktion ab? Was setzt sie bei dem jungen Mann wohl in Gang?
- Womit sich die Jünger hinterher auseinandersetzen, ist im Text überliefert. Die Situation wird zu einem Lehrstück über die Gefahren des Reichtums und schließlich zu einem Lehrstück der Armut des Menschen vor Gott. Wie hängt dies mit dem Problem des jungen Mannes zusammen?

Anwendung

Jesus führt dem selbstbewussten jungen Mann seine Armut vor Gott vor Augen. Er hat dazu vielleicht das sanfteste Mittel gewählt, einen Menschen zur Selbsterkenntnis zu führen: ihn angesichts einer Herausforderung die eigenen Grenzen spüren zu lassen. Dennoch hat Jesu Einladung nichts, was den jungen Mann beschämt.

Im Anwendungsteil werden die Erfahrungen von Hauskreisteilnehmer mit Blendern aufgenommen. Wie könnten sie eine schwierige Situation mit einem Blender gestalten, wenn man den psychologischen Hintergrund als Hilfe nimmt? (Vergleiche den Steckbrief „Wie Sie Blender entzaubern", Seite 24.) Wie, wenn man sich vom Verhalten Jesu inspirieren lässt?

Falls von den Teilnehmern keine konkrete Situation genannt wird, kann man ein typisches Beispiel heranziehen: „Nehmen wir an, ein sehr erfolgreicher Mensch kommt in unsere Gemeinde. Er tritt auf, wie es Menschen tun, die sich ihres Erfolges bewusst sind. Er ahnt noch nicht, wie wenig sein Erfolg vor Gott zählt. Wie sollten wir ihm begegnen?"

Abschluss

Jesus antwortet auf kindliche Bedürfnisse
(Energieräuber)

Die Jünger Johannes und Jakobus konfrontieren Jesus mit einer überraschenden Bitte. Sie wollen im Himmel einen Ehrenplatz einnehmen, rechts und links von Jesus. Auch wenn man Johannes und Jakobus nicht als Energieräuber bezeichnen würde, zeigen sie doch ein Verhalten, das für Energieräuber typisch ist: Sie äußern einen kindlichen Wunsch. Jesus korrigiert ihre Vorstellungen.

Einstieg

Hintergrund
Die Leiterin/der Leiter des Abends stellt den Steckbrief „Energieräuber" (Seite 27) vor oder die Teilnehmer/innen lesen ihn gemeinsam. Vermutlich haben die Teilnehmer auch schon Erfahrungen mit Energieräubern gemacht. Nach einem kurzen Austausch leitet die Leiterin/der Leiter zum Bibeltext über.

Bibeltext
Mk 10,35-45

Bibelgespräch
- Was geht wohl in Johannes und Jakobus vor, als sie ihre Bitte äußern?
- Gewöhnlich lobt Jesus den Glauben eines Menschen, der ihm viel zutraut. Warum hier nicht?

- Was nimmt Jesus wohl hinter der Bitte von Johannes und Jakobus wahr?
- Wie argumentiert Jesus, als er die Bitte seiner Jünger zurückweist?
- Was will Jesus mit seiner Antwort bei den Jüngern bewirken? Welche Mühen mutet er ihnen zu?
- Inwiefern könnte Jesus ein Vorbild dafür sein, wie man Menschen vom Wunschdenken zur Verantwortung führt?

Anwendung

Jesus kritisiert nicht den Wunsch der Jünger. Hohe Ziele und der Wunsch, an der Herrlichkeit von Jesus teilzuhaben, sind nicht verkehrt. Doch er macht den Jüngern deutlich, wie viel Zeit und Mühe einer Sonderstellung bei Gott vorausgeht. Außerdem handelt es sich bei den Ehrenplätzen nicht um etwas, worum die Jünger bitten können, sondern um etwas, das Gottes souveräner Wahl unterliegt.

Im Anwendungsteil werden die Erfahrungen von Hauskreisteilnehmern mit Energieräubern aufgenommen. Wie könnten sie eine schwierige Situation mit einem Energieräuber gestalten, wenn man den psychologischen Hintergrund als Hilfe nimmt? (Vergleiche den Steckbrief „Wie Sie Energieräuber maßvoll unterstützen", Seite 30.) Wie, wenn man sich vom Verhalten Jesu inspirieren lässt?

Falls von den Teilnehmern keine konkrete Situation genannt wird, kann man ein typisches Beispiel heranziehen: „Ein Gemeindemitglied ruft dich alle zwei Tage an, lädt dich zu Unternehmungen ein und will offenbar deine beste Freundin/dein bester Freund werden. Wie reagierst du?"

Abschluss

Jesus bietet einer Einschüchterung die Stirn

Pontius Pilatus, römischer Präfekt in Judäa, würde man nicht als schwierigen Menschen bezeichnen. Nach den Schilderungen des Johannesevangeliums ist er ein vorsichtiger Mann. Als er Jesus verhört, greift er jedoch zu einer Einschüchterung: „Redest du nicht mit mir? Weißt du nicht, dass ich Macht habe, dich loszugeben, und Macht habe, dich zu kreuzigen?" Wir können beobachten, wie Jesus auf eine Einschüchterung reagiert.

Einstieg

Hintergrund
Die Leiterin/der Leiter des Abends stellt den Steckbrief „Einschüchterer" (Seite 33) vor oder die Teilnehmer/innen lesen ihn gemeinsam. Vermutlich haben die Teilnehmer auch schon Erfahrungen mit Einschüchterern gemacht. Nach einem kurzen Austausch leitet die Leiterin/der Leiter zum Bibeltext über.

Bibeltext
Joh 19,6-12

Bibelgespräch
- Spannungsreiche Situationen nutzt Jesus häufig als Aufhänger, um etwas Wichtiges zu lehren. Warum schweigt er wohl hier?
- Was möchte Pilatus mit seiner Drohung bewirken? Wie sieht Pilatus Jesus?
- Was sieht Jesus wohl in Pilatus?

- Inwiefern korrigiert Jesus mit seiner Antwort, wie Pilatus die Dinge sieht?
- Was lernen die Umstehenden (wir) aus der Situation?
- Pilatus gewinnt eine positive Haltung gegenüber Jesus (Vers 12). Warum?

Anwendung

Jesus bietet Pilatus die Stirn, als dieser seine Macht über Leben und Tod ins Spiel bringt. Pilatus hat zwar die Macht, Jesus freizulassen oder zu kreuzigen, aber nicht die Macht, Jesus zum Reden zu bringen. Pilatus hat Macht über Leben und Tod, aber in einer Weise, die von Gott verliehen ist und vor Gott verantwortet werden muss. In seiner Reaktion zeigt Jesus Verhaltensweisen, die auch gegenüber Einschüchterern hilfreich sind: der Einschüchterung ruhig standhalten, sich weder einschüchtern lassen noch den Einschüchterer verteufeln. Jesus nimmt Pilatus sogar in Schutz. Damit gewinnt man oft den Respekt von Einschüchterern.

Im Anwendungsteil werden die Erfahrungen von Hauskreisteilnehmern mit Einschüchterern aufgenommen. Wie könnten sie eine schwierige Situation mit einem Einschüchterer gestalten, wenn man den psychologischen Hintergrund als Hilfe nimmt? (Vergleiche den Steckbrief „Wie Sie Einschüchterern standhalten", Seite 36.) Wie, wenn man sich vom Verhalten Jesu inspirieren lässt?

Falls von den Teilnehmern keine konkrete Situation genannt wird, kann man ein typisches Beispiel heranziehen: „Dein Vorgesetzter brüllt dich an und droht, sich eine bessere Kraft zu suchen, wenn du nicht härter arbeitest. Wie reagierst du?"

Abschluss

Jesus korrigiert einen Abwerter

Jesus hat die jüdische Führung nervös gemacht. Er bricht religiöse Regeln und findet großen Zulauf. Als er auch noch einen Besessenen heilt, der blind und stumm gewesen ist, reagieren die Pharisäer mit einer drastischen Abwertung. Sie werfen Jesus vor, im Bund mit dem Teufel zu sein und in dessen Kraft gegen böse Geister vorzugehen.

Einstieg

Hintergrund
Die Leiterin/der Leiter des Abends stellt den Steckbrief „Abwerter" (Seite 39) vor oder die Teilnehmer/innen lesen ihn gemeinsam. Vermutlich haben die Teilnehmer auch schon Erfahrungen mit Abwertern gemacht. Nach einem kurzen Austausch leitet die Leiterin/der Leiter zum Bibeltext über.

Bibeltext
Mt 12,22-30

Bibelgespräch
- Wie erleben die Pharisäer die Heilung, die Jesus vollbringt? Was fürchten sie für sich? Was fürchten sie für das Volk, für das sie geistliche Verantwortung empfinden?
- Der Vorwurf der Pharisäer klingt abwegig und gemein. Warum macht sich Jesus trotzdem die Mühe und antwortet mit einer theologischen Argumentation?

- Worauf zielt Jesus ab, was die Öffentlichkeit angeht? Worauf, was die Pharisäer angeht?
- Warum führt Jesus das Argument mit den Söhnen an? (Vers 27).
- Welche Wirkung hat die Reaktion Jesu auf die Pharisäer?
- Was lernen die Jünger (wir) aus der Reaktion von Jesus?
- Wann sollten wir uns gegen Abwertungen wehren, wann ist das nicht nötig?

Anwendung

In ihrem Misstrauen haben die Pharisäer Jesus in eine sehr negative Schublade gesteckt. Jesus stellt daraufhin seine theologische Kompetenz unter Beweis und wirbt um Vertrauen. Gleichzeitig holt er die Pharisäer von ihrem Sockel herunter, auf den sie sich mit ihrem Urteil stellen. Er zeigt die Oberflächlichkeit ihres Vorwurfs auf. In alledem bleibt Jesus sachlich und wertet die Pharisäer seinerseits nicht ab. Diese Verhaltensweisen sind alle hilfreich, wenn man es mit Abwertern zu tun hat.

Im Anwendungsteil werden die Erfahrungen von Hauskreisteilnehmern mit Abwertern aufgenommen. Wie könnten sie eine schwierige Situation mit einem Abwerter gestalten, wenn man den psychologischen Hintergrund als Hilfe nimmt? (Vergleiche den Steckbrief „Wie Sie Abwertern den Stachel ziehen", Seite 42.) Wie, wenn man sich vom Verhalten Jesu inspirieren lässt?

Falls von den Teilnehmern keine konkrete Situation genannt wird, kann man ein typisches Beispiel heranziehen: „Du sprichst über deinen Glauben und jemand kommentiert das so: ‚Du sprichst wie jemand, der noch an seinem Kinderglauben festhält und erst noch einen erwachsenen Glauben finden muss.'"

Abschluss

Jesu Botschaft an die Vermeider

Angst ist nicht immer eine Entschuldigung. Auch mit Nichtstun kann man schuldig werden. So lautet Jesu Warnung an die Vermeider. Seine Botschaft rüttelt auf, ihre Form ist aber sanft. Jesus legt sie in ein Gleichnis. Dieses gibt den Hörern Zeit, sich mit dem Geschehen zu identifizieren und die eigenen Konsequenzen zu ziehen.

Einstieg

Hintergrund
Die Leiterin/der Leiter des Abends stellt den Steckbrief „Vermeider" (Seite 45) vor oder die Teilnehmer/innen lesen ihn gemeinsam. Vermutlich haben die Teilnehmer auch schon Erfahrungen mit Vermeidern gemacht. Nach einem kurzen Austausch leitet die Leiterin/der Leiter zum Bibeltext über.

Bibeltext
Mt 25,14-30

Bibelgespräch
- In welcher Lage sieht sich der Knecht, der sein Geld vergräbt?
- Warum trennt sich der Gutsbesitzer von seinem Knecht? Was ist an dessen Verhalten denn so schlimm? Worin genau besteht dessen Schuld?
- Der Gutsbesitzer macht deutlich, dass er keine überhöhten Erwartungen an den Knecht hat (Vers 27). Inwiefern korrigiert er das Bild, das der Knecht von ihm hat?

- Was können Menschen aus dem Gleichnis lernen, die zur Verantwortungsflucht neigen? Was soll sie motivieren?
- Jesu Lehre gibt an anderer Stelle viele Hilfen zur Angstbewältigung. Welche fallen dir ein, die zur Situation im Gleichnis passen?

Anwendung

Auch durch Passivität kann man schuldig werden: indem man die Augen verschließt, den Kopf in den Sand steckt, sich wegduckt, sich in die private Behaglichkeit zurückzieht. Jesus führt dies seinen Hörern vor Augen. Er motiviert Menschen, in ihrer Lebenssituation Verantwortung zu übernehmen und ihre Möglichkeiten zu nutzen, auch wenn sie sich die Herausforderung nicht selbst gewählt haben. Gleichzeitig erwartet Jesus nichts, was Menschen überfordert. Ein kleiner Beitrag reicht, wenn man nicht so viel bewegen kann, wie andere es vielleicht tun. Es ist sogar möglich, sich einfach an den Einsatz anderer anzuhängen und so am Guten mitzuwirken. (So kann man die Aufforderung des Gutsherrn verstehen, das Geld wenigstens zu den Wechslern/ zur Bank zu bringen.)

Jesus geht mit seiner Botschaft so vor, wie es auch Vermeider brauchen: so kommunizieren, dass es keine Angst macht; die Folgen des Vermeidungsverhaltens aufzeigen; zu kleinen Schritten der Verantwortung ermutigen.

Im Anwendungsteil werden die Erfahrungen von Hauskreisteilnehmern mit Vermeidern aufgenommen. Wie könnten sie eine schwierige Situation mit einem Vermeider gestalten, wenn man den psychologischen Hintergrund als Hilfe nimmt? (Vergleiche den Steckbrief „Wie Sie Vermeider motivieren", Seite 48.) Wie, wenn man sich vom Verhalten Jesu inspirieren lässt?

Falls von den Teilnehmern keine konkrete Situation genannt wird, kann man ein typisches Beispiel heranziehen: „Deine Kollegin lässt Aufgaben liegen, die ihr Angst machen oder die eine eigene Entscheidung erfordern. Wie reagierst du darauf?"

Abschluss

Jesus korrigiert einen Rächer

Der Jünger Judas ist unzufrieden mit seinem Meister. Das entlädt sich in unserem Text als Kritik. Judas hat heimlich Geld veruntreut. Auch später wird Judas heimlich vorgehen und Jesus an seinem verwundbarsten Punkt treffen: dem wachsenden Hass der religiösen Oberschicht, die Jesus beseitigen möchte. Deshalb wird Judas hier den Rächern zugeordnet. Der Evangelist Johannes berichtet, wie sich Jesus transparent macht und seine Beweggründe offenlegt. Das könnte der Unzufriedenheit von Judas ihre Grundlage entziehen.

Einstieg

Hintergrund
Die Leiterin/der Leiter des Abends stellt den Steckbrief „Rächer" (Seite 51) vor oder die Teilnehmer/innen lesen ihn gemeinsam. Vermutlich haben die Teilnehmer auch schon Erfahrungen mit Rächern gemacht. Nach einem kurzen Austausch leitet die Leiterin/der Leiter zum Bibeltext über.

Bibeltext
Joh 12,1-8

Bibelgespräch
- Was geht wohl in Judas vor? Wie erlebt Judas die Situation? Wie erlebt er Jesus?
- Wie reagiert Jesus? Was nimmt er wohl bei Judas wahr? Was will Jesus bei Judas wohl bewirken?

- Die Jüngerschaft des Judas wird mit dem Verrat enden. Hätte Jesus dies nicht verhindern können?
- Was lernen die Jünger aus dieser Begebenheit? Was können wir lernen?
- Was können wir uns abschauen, was uns im Umgang mit Menschen hilft, die heimlich Schaden anrichten?

Anwendung

Jesus vermeidet jeden Anschein von autoritärem Verhalten und Willkür. Er macht sich in allem transparent. Er will nicht, dass sich Menschen an ihm ärgern oder Anstoß nehmen. Damit lebt er etwas vor, was im Umgang mit Rächern hilfreich ist. Zugleich lässt Jesus Menschen offenbar die Freiheit, sich auch für das Böse zu entscheiden.

Im Anwendungsteil werden die Erfahrungen von Hauskreisteilnehmern mit Rächern aufgenommen. Wie könnten sie eine schwierige Situation mit einem Rächer gestalten, wenn man den psychologischen Hintergrund als Hilfe nimmt? (Vergleiche den Steckbrief „Wie Sie Rächer entwaffnen", Seite 54.) Wie, wenn man sich vom Verhalten Jesu inspirieren lässt?

Falls von den Teilnehmern keine konkrete Situation genannt wird, kann man ein typisches Beispiel heranziehen: „Nehmen wir an, ein Kollege schwärzt dich morgen beim Chef an, weil er sich über dich geärgert hat. Wie gehst du nun damit um?"

Abschluss

Studium zu zweit

Wir alle haben schon erfahren: Im Dialog klären sich unsere Gedanken. Wir entwickeln neue Ideen. Dabei ist der Austausch zu zweit oft besonders vertraulich. Hier sprechen wir aus, was wir sonst für uns behalten.

Manche haben schon einen Rhythmus für den Austausch zu zweit, zum Beispiel einen festen Eheabend in der Woche. Andere treffen sich regelmäßig zu einer Gebetspartnerschaft. Neben dem persönlichen Austausch und dem Gebet gehört oft ein Gespräch über ein interessantes Thema zum Programm. Bibeltexte oder ein Abschnitt aus einem guten Buch liefern die Impulse dazu. Sie können dazu auch dieses Arbeitsbuch für eine bestimmte Zeit nutzen.

Wieder andere genießen auch das Privileg einer persönlichen Begleitung, zum Beispiel durch einen Mentor, einen Coach, einen Seelsorger, geistlichen Berater oder einen Psychotherapeuten. Auch hier gibt es meist regelmäßige Treffen. Warum nicht die eine oder andere Einheit dieses Buches als Gesprächsgrundlage verwenden, wenn Sie das Thema einer Einheit persönlich betrifft?

Jede Paarbeziehung und jede Freundschaft brauchen hin und wieder neue Impulse, um lebendig zu bleiben. Viele Ehepaare und Freunde haben sich deshalb schon einmal vorgenommen, gemeinsam ein Buch zu lesen und darüber zu sprechen. In unserem oft vollen und fordernden Alltag müssen wir allerdings große Disziplin aufbringen, vor dem Treffen ein vereinbartes Pensum zu lesen. Dieses Arbeitsbuch bereitet die Information so auf, dass Sie vorher nichts lesen müssen. Die Steckbriefe und Fragen können Sie bei Ihrem Treffen selbst lesen, weil das nur wenig Zeit beansprucht. Wählen Sie einfach die Einheiten aus, die Ihnen am interessantesten erscheinen. Danach können Sie gemeinsam entscheiden, ob und wie weit Sie sich weiteren Einheiten widmen.

Hier gebe ich Ihnen noch ein paar Gesprächsregeln an die Hand, die das Vertrauen und den offenen Austausch fördern.

- Wenn Sie zuhören, dann halten Sie Ihre Antwort ein wenig zurück. Kommentieren Sie wertschätzend, was der andere gesagt hat. Schweigen Sie eine Weile aufmerksam. Oft offenbart sich dann, was der andere noch nicht ausgesprochen hat oder noch nicht auszusprechen wagte.
- Die Themen dieses Buches führen schnell zu Existenzfragen wie der nach dem Umgang mit Macht, mit Ungerechtigkeit oder mit Aufrichtigkeit. Hier werden Sie durchaus Unterschiede zu Ihrer Gesprächspartnerin/Ihrem Gesprächspartner entdecken. Lassen Sie diese Unterschiede wertschätzend stehen. Eine solche Spannung muss nicht durch eine Diskussion aufgelöst werden – oft würde dies auch nicht gelingen. Die Gegensätze bringen oft neue Gedanken und Ideen hervor.
- Bleiben Sie bei sich, bei Ihren eigenen Gefühlen, Gedanken und Erfahrungen. Vermeiden Sie Formulierungen wie „man ...", „alle ...", „sollte ..." Auf diese Weise schaffen Sie eine Gesprächsatmosphäre ohne Zensur und einengende Bewertungen. In dieser Atmosphäre kann sich Ihr Gesprächspartner freier äußern und Sie ebenfalls.

Vorträge und Seminare

Fesseln Sie die Themen dieses Arbeitsbuches? Und haben Sie die wichtigsten Inhalte aufgenommen? Warum halten Sie nicht selbst ein Seminar oder einen Vortrag darüber?

Beide Themen, „Stachlige Persönlichkeiten" und „Meine Stacheln", stoßen auf großes Interesse. Die Themen eignen sich auch für die berufliche Fortbildung. Gerade in sozialen Berufen, im Kundenkontakt oder in der Mitarbeiterführung spielen schwierige Verhaltensmuster und eigene Schwächen eine entscheidende Rolle.

Daher biete ich Ihnen einen besonderen Service an: Mailen Sie mich an (kontakt@psychotherapie-berger.de) und teilen Sie mir mit, welche Art von Veranstaltung Sie planen. Dann stelle ich Ihnen die Inhalte dieses Buches als PowerPoint-Präsentation zur Verfügung. Dies ist kostenlos, nur mit der Bitte verbunden, dass Sie bei Ihrer Veranstaltung auf die Bücher und Hörbücher zum Thema hinweisen.

Kommt es Ihnen vermessen vor, selbst ein Seminar zu halten? Dann führen Sie sich vor Augen: Fast niemand hält Vorträge oder Seminare über Themen, die er selbst vollständig erarbeitet hat. Viel häufiger sind wir Botschafter der wenigen Großen, die wirklich Neues gedacht und entdeckt haben. Wir sind sozusagen Zwerge auf der Schulter von Riesen. Auch ich habe die Analysen und Strategien dieses Arbeitsbuches nicht selbst erfunden. Sie beruhen auf einer jahrzehntelangen psychotherapeutischen Tradition. Auch ich stoße bei den Themen dieses Buches auf Bereiche, die ich noch nicht vollständig verstanden habe. Also: Nur Mut!

Abschließend gebe ich Ihnen einige Empfehlungen zur Gestaltung guter Vorträge, Seminare oder Fortbildungen:

- Feilen Sie an der Einladung. Wählen Sie den Titel und Untertitel so, dass diese sofort klarmachen, worum es geht. Dazu können Sie einfach Titel und Untertitel der Bücher aus der Stachelreihe wählen. Alternativen wären: „Stachlige Persönlichkeiten. Wie Sie mit schwierigen Kunden und Mitarbeitern umgehen" oder auch: „Die Kunst der Selbstkorrektur. Wie Sie mit Ihren Schwächen umgehen". Stellen Sie im Ankündigungstext den Nutzen heraus, den die Veranstaltung für die Besucher oder Teilnehmer hat.
- Planen Sie ausreichend Zeit ein, um die Technik zu testen: Beamer und gegebenenfalls die Mikrofonanlage.
- Achten Sie auf den Zeitrahmen. Lassen Sie lieber ein paar Inhalte aus, um nicht unter Zeitdruck zu geraten.
- Überlegen Sie sich, wie Sie Teilnehmerinnen und Teilnehmer mit ihren Erfahrungen beteiligen können: Fragerunden, Diskussionsrunden, Austausch in Kleingruppen oder Ähnliches.
- Unter den Teilnehmern sind oft ein oder zwei Vielredner, die anderen Aufmerksamkeit und Redezeit rauben. Legen Sie sich ein paar Sätze zurecht, wie Sie deren Mitteilungsdrang stoppen können: „Ich bitte um Entschuldigung, dass ich hier unterbreche, aber ich möchte noch andere zu Wort kommen lassen."

Weitere Titel von Jörg Berger

Meine Stacheln
Wie Sie Ihre Schwächen entschärfen
ISBN 978-3-86827-530-8
206 Seiten, Paperback

Unter Stress fahren wir unsere Stacheln aus. Wir verletzen die Gefühle anderer. Wir machen anderen Angst oder enttäuschen sie. Selbst den Menschen, die wir mögen, machen wir manchmal das Leben schwer. Jörg Berger zeigt bewährte Wege, auf denen Sie Ihre Stacheln erkennen, entschärfen und allmählich entbehrlich machen.
»Meine Stacheln« ist der Nachfolger des Bestsellers »Stachlige Persönlichkeiten. Wie Sie schwierige Menschen entwaffnen«, der sich unter anderem drei Monate lang in den Top 10 der Idea-Bestsellerliste befand.
Mit Illustrationen von Thees Carstens.

Das Buch ist auch als Hörbuch erhältlich:

Meine Stacheln. Hörbuch
Wie sie Ihre Schwächen entschärfen
ISBN 978-3-86827-576-6

Stachlige Persönlichkeiten
Wie Sie schwierige Menschen entwaffnen
ISBN 978-3-86827-474-5
176 Seiten, Paperback

Leben und leben lassen.

Sie meinen es nicht böse. Trotzdem verwickeln schwierige Menschen andere in Beziehungen, die Kraft rauben, überfordern oder sogar gefährlich werden können. Kann man sich wirkungsvoll davor schützen? Und geht das, ohne sich selbst unfair zu verhalten?
Es geht, weiß der Psychotherapeut Jörg Berger und stellt bewährte Strategien für den Umgang mit schwierigen Menschen vor. Psychologisches Hintergrundwissen, Tricks, Tipps und viele Fallbeispiele machen das Buch zu einer aufschlussreichen und praxisnahen Lektüre.

Jörg Berger ist als Diplom-Psychologe und Psychologischer Psychotherapeut in eigener Praxis tätig. Er hat zahlreiche Sachbücher und Zeitschriftenartikel veröffentlicht und gehört dem freien Redaktionsteam der Zeitschrift family an. Seit über 15 Jahren begleitet er Betroffene, die unter schwierigen Menschen leiden, und arbeitet mit Menschen, die andere als schwierig erleben, an deren belastenden Verhaltensmustern.

Mit Illustrationen von Thees Carstens.

Das Buch ist auch als Hörbuch erhältlich:

Stachlige Persönlichkeiten
Wie Sie schwierige Menschen entwaffnen
ISBN 978-3-86827-529-2

Den Partner fürs Leben finden
Beziehungsfähig werden und klug wählen
ISBN 978-3-86827-498-1
114 Seiten, Paperback

Kaum etwas prägt unser Leben so stark wie die Wahl des Lebenspartners. Grund genug, sich mit dem Geheimnis der Partnerwahl zu befassen: Welche Anziehungskräfte führen Menschen zusammen? Wie gebe ich der Partnersuche die besten Chancen? Wie vermeide ich schlechte Erfahrungen? Kann ich eine Beziehung retten, die schwierig begonnen hat?
Jörg Berger verbindet Befunde aus der psychologischen Forschung mit den Praxiserfahrungen, die er in der Begleitung von Partnersuchenden und Paaren gewonnen hat. Das Buch ist die erweiterte Neuauflage des Titels „Mit offenen Augen lieben". Neu sind Kapitel zur Partnersuche im Zeitalter neuer Medien und zur Beziehungsfähigkeit.

Das 9 x 1 des Charakters
Gottes Bild von mir entdecken
ISBN 978-3-86827-044-0
200 Seiten, Paperback

Welche Gabe schlummert in Ihnen? Und in den Menschen, die Sie lieben? Neun Charakterbeschreibungen führen Sie auf eine Spur:
• Wachstumsbringer
• Gemeinschaftsstifter
• Hoffnungsträger
• Sinneswecker
• Brückenbauer
• Vertrauensstifter
• Freudenboten
• Freiheitskämpfer
• Friedensstifter

Menschen mit diesen Eigenschaften haben entfaltet, was Gott in ihren Charakter gelegt hat. Jeder Charakter ringt mit einer eigenen Lebensfrage. Die Suche nach einer Antwort kann in Sackgassen führen – oder zu einer Weisheit, die das Leben gelassen und fruchtbar macht. Jörg Berger verbindet in seinem Buch eine psychologische Sicht des Menschen mit den befreienden Erfahrungen, zu denen der christliche Glaube führt.

Lebensziel Berufung
*Den eigenen Weg finden in einer
Welt der Beliebigkeit*
ISBN 978-3-86122-812-7
128 Seiten, gebunden

„Als Psychotherapeut beschleicht mich nach Abschluss einer Therapie manchmal ein banges Gefühl. Es hat sich ein Weg aus der Krise gebahnt, doch was jetzt? Es fehlt die Sicht für eine bedeutsame Lebensaufgabe. Das gab mir den Anstoß, nach der verlorenen Perspektive von Berufung zu fragen: Wie finde ich eine Lebensform, die meinem Wesen entspricht? Wofür soll ich mein Leben einsetzen?" (Aus dem Vorwort)

Auf die Frage nach dem Wie gibt der Autor praktische Antworten, die sich in der Psychotherapie bewährt haben. Auf die existenzielle Frage nach dem Wofür bietet das Neue Testament Lösungen, die den Menschen aus seinen Verstrickungen befreien und zu einem frohen, schöpferischen und einsatzbereiten Leben freisetzen. Dieses Buch kann einem Leben neue Richtung geben.

Ein loderndes Feuer
Frauen, Männer und das Wagnis der Intimität
ISBN 978-3-86122-963-6
160 Seiten, gebunden

Frauen, Männer und das Wagnis der Intimität

Das sexuelle Getöse in unseren Medien hat uns mehr als genug Wissen über die Sexualität gebracht. Doch verstehen wir sie auch? Welche Sehnsüchte verbergen sich hinter unseren sexuellen Wünschen und wie stillen wir sie? Wie finden wir Kontakt zu unseren sexuellen Kräften, ohne die Kontrolle über sie zu verlieren? Wie entfachen wir eine Paarbeziehung, deren Erotik auch mit den Jahren nicht erlischt? Jörg Berger lädt den Leser auf eine Entdeckungsreise ein. Er führt ihn an den Abgründen der Sexualität vorbei, begleitet ihn durch die Niederungen des weiblichen und männlichen Alltags und zeigt ihm den Gipfel einer sexuell erfüllenden Partnerschaft, den Lebensraum, in dem die sexuelle Energie dem persönlichen und geistlichen Wachstum dienen kann.